Markus Breitscheidel

Arm durch Arbeit

Markus Breitscheidel

ARM DURCH ARBEIT

Ein Undercover-Bericht

Econ

Alle Namen von Personen wurden anonymisiert.
Etwaige Übereinstimmungen oder Ähnlichkeiten wären rein
zufällig und nicht beabsichtigt.

Econ ist ein Verlag der Ullstein Buchverlage GmbH

ISBN 978-3-430-30027-8

© Ullstein Buchverlage GmbH, Berlin 2008
Alle Rechte vorbehalten.
Gesetzt aus der Sabon bei LVD GmbH, Berlin
Druck und Bindung: CPI – Clausen & Bosse, Leck
Printed in Germany

Inhalt

Vorwort

Markus Breitscheidel hat sich erneut in die Niederungen der modernen Arbeitswelt begeben. Sprich: ins Zentrum eines Arbeitsbereiches, der diese Gesellschaft zwar zusammenhält, dessen Zustände aber kaum bekannt sind. Entweder, weil es an Interesse fehlt oder weil zwar Interesse vorhanden ist, aber eines, das der Öffentlichkeit den Blick auf das wirkliche Leben und Arbeiten der über sieben Millionen sogenannten Niedriglöhner verstellen will.

Der gelernte Sozialdemokrat Wolfgang Clement zum Beispiel ist einer dieser speziell Interessierten. Als Superwirtschaftsminister hat er führend dazu beigetragen, tarifliche und gesetzliche Hemmnisse zum ungebremsten Ausbau dieser Sorte unsicherer und ausbeuterischer Arbeitsverhältnisse beiseite zu räumen. Als »Chairman« eines der weltweit größten Zeitarbeit-Unternehmens erntet er jetzt die Früchte.

»Die Adecco-Gruppe ist stets Vorreiter einer modernen Beschäftigungspolitik. So engagiert sich Adecco insbesondere in Deutschland seit Jahren in der Debatte um eine Neudefinition der Arbeit.« So benennt der Global Player, dem Clement für beträchtliches nie öffentlich deklariertes Honorar dient, schriftlich seinen selbst gestellten Auftrag. Mündlich erläutert der ehemalige Superminister, was unter solcher »Neudefinition« zu verstehen ist: »Eine Arbeitsmarktpolitik, die auf Flexibilität und Qualifikation setzt und nicht Arbeitsplätze schützt, sondern Menschen fördert und fordert.«

Wie erschreckend normal ist es, dass ein ehemaliger Minister, der sich selbst immer treu geblieben ist, heute als nur noch Lobbyist mit sozialdemokratischem Deckmäntelchen die

Ergebnisse seiner Politik ganz privat als dicken Gewinn einstreicht. Erst hat er mit den gesetzlichen Änderungen die Interessen der Zeitarbeitsbranche direkt bedient – jetzt bedient er sich als ihr Angestellter direkt an den Folgen. Erst verschafft er öffentlich bezahlt Dritten Vorteile und Profit, dann verschafft er sich bei denselben Leuten selber privaten Profit. Genauso wie als RWE-Aufsichtsratmitglied und bezahlter Atomenergiepropagandist.

Weit sind Clement und die Seinen gekommen, ihr Anteil am Volkseinkommen wächst beharrlich. Und weit haben sie die Ausbeutung der Ware Arbeitskraft vorangetrieben, von der sie und die anderen Reichen leben. Der Anteil von prekär Beschäftigten wächst stetig und beschönigt die Arbeitslosenstatistik. Der Anteil der Armen in diesem Lande wächst im gleichen Maße. Wie sich das anfühlt, das schildert uns Markus Breitscheidel eindringlich. Und zwar ganz körperlich und hautnah, jenseits aller Worthülsen, Sprechblasen und verlogenen Phrasen über die angeblichen Segnungen der Ausbeutung auf Zeit. Ob als subalterner Malocher bei Bayer, als Ausputzer bei Opel oder als Erntehelfer für unser aller Billigobst.

Sicherlich, die Zeitarbeit »segnet«. Es fragt sich nur, wen. Auch auf diese Frage gibt der Autor Antworten, die aus den praktischen und leidvollen Erfahrungen hergeleitet und deshalb sehr konkret und handfest sind: Ein Segen ist die explosionsartige Ausweitung der Zeitarbeit für die Unternehmen. Sie brauchen keine langfristigen Verpflichtungen gegenüber ihren Arbeitnehmern mehr einzugehen. Urlaubsgeld, Krankengeld, Rentenzahlungen: alles überflüssige Kosten, der reinste »Sozialklimbim«. Nicht einmal Heuern und Feuern ist mehr nötig, gegen das sich immer wieder unangenehmerweise ganze Belegschaften mit kostenträchtigen Widerstandsaktionen auflehnen. Nein, das Menschenmaterial wird einfach zeitnah und konfliktfrei angemietet, wie ein Presslufthammer, eine Hebebühne oder ein Kleinlaster.

Und die Anbieter des Menschenmaterials, die Zeitarbeitsfirmen? Ihre große Leistung besteht darin, die schneller zu heuernden und zu feuernden Billigkräfte, für die sie pro Stunde profitträchtige Verleihgebühren einstreichen, so passgenau zu vermieten, dass am Jahresende möglichst wenig Vermietungslücken zu verzeichnen sind und der Profit sich ebenso lückenlos aufgehäuft hat.

Und weil es in der Hierarchie auf dem Arbeitsmarkt unterhalb der Leiharbeiter in den Zeitarbeitsfirmen noch diejenigen gibt, die auf eigene Faust ihre Haut zu Markte tragen, sogar tage- oder wochenweise, schmückt die Branche sich wie zum Hohn noch mit dem unverdienten Lob, bei ihnen hätten die Zeitarbeiter immerhin eine Festeinstellung.

Das ganze System würde nicht funktionieren, wenn nicht die Agenda 2010, die besagter Wolfgang Clement maßgeblich mitgeschneidert hat, die Arbeitslosen scharenweise den Zeitarbeit-Unternehmen – früher sagte man auch zutreffend Sklavenhändler – zutreiben würde. Denn das ALG II reicht nicht zu einem würdigen Leben und die Beschäftigten der Arbeitsagentur zwingen sie dorthin, ganz unabhängig von ihrer privaten Einstellung. Wer sich weigert, dem werden die Leistungen reduziert oder ganz gesperrt. »Verweigerer« sind nicht nur die, die sich weigern, bei einem Menschenhändler anzufangen, sondern auch diejenigen, die den Irrsinn irgendwann nicht mehr mitmachen, die keine Kraft mehr (oder keine Rücklagen) haben, vorenthaltene Löhne oder Almosenzahlungen »auszuhalten« oder die sich den unerträglichen Arbeitsbedingungen entziehen. Weil aber die »working poor«, diejenigen, die trotz oder wegen der Arbeitswirklichkeit in dieser Branche arm bleiben oder werden, nicht zu den Kernbelegschaften bei den Unternehmen gehören, bleiben sie häufig auf sich gestellt und müssen individuelle Lösungen für ihre Probleme suchen: Kündigung. Mit der Folge, dass ihnen die Arbeitsagentur jegliche Unterstützung vorenthält, bis sie sich wieder bereit erklären: »Ich nehme jede Arbeit zu jedem Preis.«

Markus Breitscheidel verschont uns nicht mit den entsprechenden und sehr konkreten Alltagserfahrungen. Sein Verdienst besteht darin, sich den Strapazen des ausgebeuteten Arbeitslebens selbst ausgesetzt zu haben, um glaubwürdig Beweis zu führen. An solch einem Zeugen der elenden Verhältnisse, die an frühkapitalistische Zeiten erinnern, kann keiner vorbei.

Breitscheidels Sozialreportagen richten sich aber nicht nur an die verfasste Politik, die sich, so muss man befürchten, trotz allem den unabdingbaren Schlussfolgerungen entzieht. Ihm geht es darum, die Leserinnen und Leser aufzurütteln und zum Handeln zu motivieren. Was sich im Zentrum dieser Gesellschaft an Ungeheuerlichkeiten tut, wie diese Ungeheuerlichkeiten in der Politik vernebelt und beschönigt werden – das darf nicht länger Sache der individuellen Leidensfähigkeit von unmittelbar Betroffenen bleiben. Wir alle sind gefragt und gefordert!

Günter Wallraff

Der gläserne Mensch

In diesem Moment, ich durchkreuze gerade die verwaiste Fußgängerzone, fällt mir das unscheinbare Werbeschild eines der vielen Internet- und Telefongeschäfte auf. Ohne lange zu überlegen, gehe ich in den Laden hinein. Der Eigentümer sitzt hinter einer großen Glasvitrine. Das XXL-Poster des türkischen Fußballvereins Galatasaray Istanbul verrät mir seine Herkunft. Dass sein Geschäftssinn bereits auf seine Kunden abgestimmt ist, zeigt das reichhaltige Angebot an gebrauchten Mobiltelefonen, Computerspielen, DVDs, CDs und kleinen Schmuckstücken. Für diese Dinge kann man hier, ähnlich wie in einem Pfandhaus, sofort Bargeld erhalten und sie gegen einen Aufschlag zurückerwerben. Das deutliche Übergewicht des Inhabers und die goldenen Ketten um den Hals weisen darauf hin, dass sein Angebot offenbar intensiv genutzt wird.

Auf der rechten Seite des schmalen, unendlich langen Ladens befinden sich drei Telefonzellen, im hinteren Teil stehen zehn kleine Computertische, auf denen recht alte Geräte mit sehr langsamer Software ihren Platz haben. Wer hier surfen will, muss viel Zeit und Geduld mitbringen. Doch die sollte beim überwiegenden Teil der Kundschaft nahezu grenzenlos vorhanden sein.

In eine der vielen Suchmaschinen gebe ich den Begriff »Hartz-IV-Antrag« ein, und zu meinem Erstaunen erhalte ich über 50 000 Treffer. Hier tummeln sich unzählige Foren von Betroffenen, Informationsseiten von Vereinen, Hilfsangebote, Chats, aber ebenso die offiziellen Seiten der ARGE (auch Jobcenter genannt) sind schnell zu finden. Rasch sind die Antragsformulare ausgedruckt, die ich brauche. Doch durch die überwältigende Vielzahl von Informationen angelockt, nehme ich mir noch ein wenig Zeit. Kann schließlich nichts schaden, mit zusätzlichem Wissen den unausweichlichen Behördengang zu absolvieren. Bereits nach wenigen Klicks stoße ich auf eine interessante Information:

»Sollten sich bei der Beantragung irgendwelche Unsicherheiten ergeben, steht Ihnen das Recht einer kostenlosen Beratung eines Fallmanagers der ARGE zu!«

Davon mache ich doch gern Gebrauch. Zuversichtlich wähle ich die angegebene Telefonnummer – natürlich besetzt. Mit einer Mischung aus Langmut und Hartnäckigkeit versuche ich es immer wieder und werde nach unzähligen Versuchen endlich zu einem Fallmanager durchgestellt. Während die Warteschleife noch einmal vor sich hindudelt, denke ich darüber nach, dass ich soeben von einem Menschen zu einem Fall geworden bin, der ab sofort in einer bürokratischen Maschinerie von unsichtbaren Mächten gemanagt wird. Willkommen bei Franz Kafka …

F: »Was kann ich für Sie tun?«

»Ich hätte gerne einen Beratungstermin zum Hartz-IV-Antrag.«

F: »Sie meinen den ALG-II-Antrag nach SGB II zur Grundsicherung?«

»So heißt er wohl behördlich korrekt, ja den meine ich.«

F: »Den müssen Sie sich auf unserer Internetseite herunterladen und ausgefüllt zusenden. Wir kommen dann schnellstmöglich auf Sie zu.«

»Der Antrag liegt mir vor. Doch ich muss Ihnen gestehen, gerade bei den Angaben zu meinen Vermögensverhältnissen bin ich sehr unsicher.«

F: »Das ist auch der sehr individuelle Teil des Vordrucks. Füllen Sie ihn einfach nach bestem Wissen und Gewissen aus.«

14

»Genau hier liegt mein Problem, da mir das SGB II bis zum heutigen Tag noch kein Begriff war. Auf der letzten Seite des Antrags muss ich allerdings für die Richtigkeit meiner Angaben unterzeichnen. Darunter steht deutlich, dass ich für falsche beziehungsweise unvollständige Angaben rechtlich belangt werde. Somit bestehe ich auf meinem Recht, von Ihnen kostenlos beraten zu werden.«

F: »Oh, na dann lassen Sie mich mal in meinen Terminkalender schauen. Mmmmh, also in diesem Monat kann ich Ihnen keine Hoffnung mehr machen. Aber am Anfang des nächsten wäre noch was frei.«

»Dann soll ich mich also für mehr als drei Wochen gedulden? Wovon soll ich in dieser Zeit meinen Unterhalt bestreiten? Ich möchte nicht meine Wohnung auch noch verlieren. Was kann ich bis dahin tun?«

F: »Stellen Sie einfach einen formlosen Antrag. Ab dessen Eingang steht Ihnen Unterstützung zu. Mehr kann ich auch nicht tun.«

»Doch, ich möchte Sie bitten, mir den Termin schriftlich zu bestätigen.«

F: »Natürlich, auf Wiederhören!«

Mit gemischten Gefühlen packe ich meine Antragsformulare in den Rucksack, zahle und verlasse den Laden.

Blick unter die Bettdecke

Am nächsten Morgen stürze ich mich voller Elan auf den Antrag, selbst gespannt, was sich seit meiner letzten Arbeitslosigkeit 2004 alles geändert hat. Die ersten vier Seiten gehen für einen Alleinlebenden noch recht einfach von der Hand. Werden hier doch nur allgemeine Daten wie Adresse, Bankverbindungen, Familienstand, Sozialversicherungen und die ehemaligen Arbeitsverhältnisse abgefragt. Kompliziert wird es ab der fünften Seite. In Punkt 1 geht es um die Feststellung der angemessenen Kosten für Unterkunft und Heizung. Hier gesteht mir der Gesetzgeber nur noch eine exakt vorgeschriebene Quadratmeteranzahl zu – vergleichbar mit den Vorschriften, die einem Legehuhn genau die Fläche einer DIN A 4-Seite zum Leben lassen. Für einen menschlichen Einzelhaushalt ist die Größe auf 45 Quadratmeter beschränkt. Aus den Formularen ist diese Information allerdings nicht zu entnehmen. Wohnt man zum Beispiel in einer 50-Quadratmeter-Wohnung und gibt dies wahrheitsgemäß an, kann die ARGE verlangen, dass man umzieht.

Dass die Einrichtung von diesem Recht auch rege Gebrauch macht, zeigen die in den ersten sechs Monaten seit Einführung von Hartz IV durchgeführten Maßnahmen. Allein in der Stadt Gelsenkirchen kam es in diesem Zeitraum zu mehr als 800 Zwangsumzügen. Einige der Betroffenen und ihre Schicksale werde ich zu einem späteren Zeitpunkt noch genauer kennenlernen.

Doch erst einmal muss ich mich weiter mit der fünften Seite befassen, die noch mehr Überraschungen bereithält. In Punkt 2 geht es ans sogenannte Eingemachte. Hier werden hoch sensible Daten über das vorhandene Vermögen in Form von Bank- und Sparguthaben, Bargeld, Aktien, Lebensversicherungen und private Rentenversicherung abgefragt. Auch über den Wert von sonstigen Gegenständen – wie zum Beispiel des Deutschen liebstes Kind: das Auto – möchte die ARGE ganz genau Bescheid wissen. Das ist ein Gefühl, als ob ein Fremder im Schlafzimmer steht, der per Gesetz und mit behördlicher Genehmigung verlangen darf, dass man die Bettdecke lüpft. Zuwiderhandlung wird bestraft. Hinzu kommt: Auch in Punkt 2 fehlen sämtliche Informationen über die Art der Berechnung und noch viel entscheidender: über Freibeträge. Welche Schwierigkeiten sich daraus für den einzelnen Arbeitssuchenden ergeben, möchte ich einmal kurz anhand meiner eigenen Zahlen verdeutlichen.

Als ich vor mehr als 20 Jahren meine Ausbildung zum Steuerfachgehilfen begann, diskutierte eine breite Öffentlichkeit über die Zukunft und Sicherheit unseres staatlichen Rentensystems. Jedem aufmerksamen Beobachter musste dabei klar werden, dass ohne eine zusätzliche private Absicherung der erworbene Lebensstandard im Rentenalter offenbar nicht mehr gehalten werden konnte. So entschied ich mich damals, von meinem spärlichen Gehalt monatlich 50 Euro in einer Kapitallebensversicherung anzulegen.

Einige Jahre später, als es nach dem Studium meine Einkommensverhältnisse zuließen, entschied ich mich, noch einen Sparvertrag mit weiteren 50 Euro hinzuzufügen. Damit wollte ich sicherstellen, dass ich mir auch im Alter weiter süßen Wein leisten kann. Im Jahre 2005 kam dann noch ein Bausparvertrag mit 150 Euro hinzu. Insgesamt legte ich seitdem also jeden Monat 250 Euro zurück.

Welche Bedeutung dies später für meinen Hartz-IV-Antrag haben sollte, war mir zu diesem Zeitpunkt nicht bewusst. So hatte ich mit der Lebensversicherung bereits mehr als 12 000 Euro, mit dem Sparvertrag knapp 8 000 Euro und mit dem Bausparvertrag nochmals zusätzlich 2700 Euro angespart. Das sind alles in allem immerhin knapp 23 000 Euro.

Angesichts der aktuellen Rentendiskussion und der damit einhergehenden ständigen Ermahnungen durch den Staat, privat vorzusorgen, kam ich gar nicht auf den Gedanken, dass ebendieser Staat mir einen großen Teil meiner ganz persönlichen Zukunftsvorsorge wieder wegnehmen könnte.

In nackten Zahlen ausgedrückt sollten meine Rücklagen sich folgendermaßen auswirken:

Lebensversicherung	9000 Euro (Verkaufswert)
Bausparvertrag	2700 Euro
Sparvertrag	8000 Euro

Für die Altersvorsorge gewährt mir der Gesetzgeber einen Freibetrag von 250 Euro pro Lebensjahr, für Ersparnisse lediglich 150 Euro. Ergibt in meinem Fall:

250 x 38 Jahre   9500 Euro
150 x 38 Jahre   5700 Euro

Die über diese Freibeträge hinaus angesparten Beträge sind aufzulösen und vor Bezug der Grundsicherung zu verwerten. Das bedeutet:

Lebensversicherung und Bausparvertrag
11 700 Euro – 9500 Euro = 2200 Euro
Sparvertrag
8000 Euro – 5700 Euro = 2300 Euro
Ergibt: 5500 Euro

Noch einmal und ganz deutlich gesagt: Ich werde per Gesetz gezwungen, meine bisherigen Ersparnisse fürs Alter aufzulösen, und erst nachdem ich dieses Geld für meinen Unterhalt verwertet habe, steht mir der Grundbetrag gemäß Hartz IV zu. Für meine aktuelle Situation bedeutet dies, dass ich in den nächsten sechs Monaten meine Konten de facto leer räumen muss, um zu überleben, denn ich brauche pro Monat mindestens zwischen 800 und 900 Euro. Als weiterer Wermutstropfen muss ich hinnehmen, bis zu diesem Zeitpunkt nicht gesetzlich sozialversichert zu sein. So komme ich als Arbeitssuchender das erste Mal in meinem Leben zu dem Privileg, privat krankenversichert zu sein.

Mit dieser sehr kurzfristig gedachten Regelung werde ich auch zukünftig – also als Rentner – auf Zahlungen aus den sozialen Kassen nicht verzichten können. Eine Situation, die ja gerade mit privater Vorsorge gemildert beziehungsweise verhindert werden und die sozialen Sicherungssysteme entlasten sollte. Jetzt befreie ich den Staat für ganze sechs Monate von Zahlungen an mich, um ihn beziehungsweise die kommende Generation als Rentner vielleicht 20 oder 30 Jahre wieder belasten zu müssen. Worin bestehen Logik und Sinn dieses absurden Procederes?

Nachdem ich den Antrag vollkommen ausgefüllt und mich damit der ARGE gegenüber schamlos offenbart habe, wird mir klar, dass ich ab jetzt nicht nur ein »gläserner« Mensch bin, sondern auch einer, der durch dieses Gesetz seiner persönlichen Ersparnisse beraubt wird, die den Lebensabend finanziell sicherer und von staatlichen Geldern unabhängig machen sollten.

Hier purzeln die Preise!

Nicht einmal eine Woche zuvor bin ich mit leichtem Gepäck auf dem Hauptbahnhof von Gelsenkirchen angekommen. Das Ziel meiner Reise: In einem Selbstversuch und durch persönliche Begegnungen mit Betroffenen will ich überprüfen, welche Wirkungen die neue Wirtschaftspolitik und Sozialgesetzgebung im Sinne der Agenda 2010 einige Jahre nach ihrem Inkrafttreten entfaltet haben. Als erste Station wählte ich das Ruhrgebiet, das sich vom Inbegriff brummender Wirtschaftskraft seit dem Abbau der Kohlesubventionen in einen der sozialen Brennpunkte Deutschlands verwandelte. Laut offiziellen Angaben liegt in den Städten Dortmund, Essen und Gelsenkirchen die Quote der Menschen ohne Arbeit inzwischen bei jeweils nahezu 25 Prozent – trotz Weinanbau, Tourismus und zu Kulturzentren umgebauten Zechen. In jeder dieser drei Städte ist also ein Viertel der arbeitsfähigen Bevölkerung erwerbslos. Als Teil meines sozialen Experiments werde ich ebenfalls keinen Job haben und zusehen müssen, wie ich zurechtkomme.

Die renovierungsbedürftigen Gänge des Bahnhofs luden am Tag meiner Ankunft kaum zum Verweilen ein. Lediglich im Eingangsbereich versuchten einige Läden ihre Waren anzubieten. Neben Wurstbuden und Dönerständen befand sich ein Drogeriediscounter, gegenüber ein Zeitungs- und Bücherladen. Einem überzeugten und langjährigen Kunden der Deutschen Bahn wie mir fielen sofort die niedrigen Preise ins Auge. War ich es doch gewohnt, gerade in den Bahnhofsgebäuden für Lebensmittel und Getränke einen hohen Preisaufschlag hinzunehmen. Doch hier schienen die Uhren etwas anders zu ticken. Im Kampf um die spärliche Kundschaft versuchte jeder Ladenbetreiber den anderen über den Preis zu schlagen, und so war es möglich, eine Bratwurst für nur 1 Euro und den Döner für ganze 50 Cent mehr zu bekommen.

Auf meinem weiteren Weg durch die angrenzende Fußgängerzone setzte sich dieses Bild fort: Ein Billiganbieter von Backwaren hatte den traditionellen Bäcker verdrängt. Der gut 50 Quadratmeter große Laden wurde von einer sichtlich überforderten Verkäuferin geführt, und große Auslagen luden die Kunden ein, sich selbst zu bedienen. Das reichhaltige Angebot umfasste Brötchen für 8 Cent, eine begrenzte Auswahl an Kuchen ab 60 Cent und verschiedene Brotsorten ab 1 Euro.

Im Laden nebenan wurden Haushaltswaren aller Art im »1-Euro-Paradies« angeboten. Der angrenzende Lebensmittelmarkt Plus warb auf seinen Schaufenstern mit »fallenden Preisen«. Auf der anderen Straßenseite war der Textil-Discounter Kik in eine ehemalige Boutique gezogen und vertrieb mit Erfolg Kleidungsstücke aus China. Hier waren T-Shirts billiger als ein Brot – nämlich ab 50 Cent – zu haben, eine Jeans kostete nicht einmal 5 Euro und dazu gab es noch das passende kurzärmelige Hemd für ganze 3 Euro. Auch dieser gut 200 Quadratmeter große Laden wurde von lediglich einer Verkaufskraft geführt. Direkt daneben waren nur leere Schaufenster zu sehen. Die Schilder mit der Aufschrift »Totalausverkauf aufgrund von Geschäftsaufgabe« erinnerten noch an den Vormieter, der hier früher Schmuck angeboten hatte. Offenbar kein Einzelfall. Nahezu jedes dritte Ladenlokal auf diesem Boulevard war verwaist. Zwischen einigen Kleinstexistenzen wie Zeitungskiosk, Telefon- und Internetshops war es nur noch den Discountern möglich, ein Geschäft zu machen.

Zwei Querstraßen weiter, im Stadtteil Schalke, nach dem auch der traditionsreiche Fußballverein benannt wurde, habe ich eine möblierte, 40 Quadratmeter kleine Bleibe gefunden. Das direkt nach dem Zweiten Weltkrieg erbaute Mietshaus umfasst zwölf Wohnungen und liegt unmittelbar an der meistbefahrenen Straße der Innenstadt. Der ehemals weiße Anstrich ist inzwischen mit einer schwarzen Patina belegt, die entweder noch aus der Zeit des Kohleabbaus stammt oder vom stetig fließenden Verkehr verursacht wurde.

Als ich die sehr dunkle Wohnung im Erdgeschoss zum ersten Mal betrat, strömte der penetrante Geruch von Abgasen in meine Nase.

Links befindet sich ein kleines Bad mit Wanne und Toilette, daneben liegt das Wohn- und Esszimmer. Rechts eine schmale Küchenzeile und direkt daneben ein 16 Quadratmeter großes Schlafzimmer. Bei der Besichtigung hoffte ich noch, dass der Verkehrslärm sich in den Abendstunden legen würde. Ein Irrtum: Die Ringstraße verbindet zwei wichtige Autobahnen miteinander. Also donnern nahezu die ganze Nacht Lastkraftwagen unter meinen Fenstern vorbei. Dabei vibrieren sowohl das Bett als auch der Kleiderschrank, und ich habe das Gefühl, dass Autos und LKWs über mich hinwegfahren. In der letzten Nacht rauben sie mir fast vollständig den Schlaf und ich wache im Sinne des Wortes gerädert auf. Dies hindert mich jedoch nicht daran, an meinem Ziel, heute bei der Arbeitsagentur vorzusprechen, festzuhalten.

Bürgernaher Service

Mein Weg dorthin führt mich wieder durch die fast menschenleere Fußgängerzone, vorbei an den wenigen noch geöffneten Läden zum großen Komplex der Bundesagentur für Arbeit in Gelsenkirchen. Im Gegensatz zur verkehrsberuhigten Einkaufszone tobt hier allerdings das Leben. Vor dem Haupteingang hat sich bereits in aller Frühe eine lange

Schlange gebildet und ich reihe mich ein. Was soll ich auch sonst tun? Bereits vor der Automatik-Tür erwartet den Arbeitslosen ein privates Empfangskomitee. Die bulligen, uniformierten Mitarbeiter eines Wachunternehmens sind mit Tränengas und Handschellen bewaffnet und gehen nicht zimperlich mit den wartenden Menschen um.

Es dauert nur wenige Minuten, bis eine deutliche Unruhe am Beginn der Schlange zu verspüren ist.

Ein junger Mann steht vor dem Sicherheitspersonal und wedelt hektisch mit einem Papier in seiner rechten Hand. Der offenbar tägliche Alkoholkonsum hat sein Gesicht schon stark anschwellen und leicht erröten lassen. Die ausgetretenen Sportschuhe eines Billigherstellers sowie eine zerfetzte Jeans sind für mich ein deutliches Zeichen seiner Mittellosigkeit. Wie eine unüberwindliche Mauer bauen sich die breitschultrigen Aufpasser vor ihm auf und verweigern ihm den Zutritt. Doch in all seiner offensichtlichen Verzweiflung beginnt er sich lauthals zu wehren:

JM: »Ich möchte wissen, warum sie mir die Kohle gestrichen haben!«

Der gut zwei Meter große Wachmann versucht zumindest deeskalierend zu reagieren.

W: »Beruhigen Sie sich doch. Das wird schon alles seine Richtigkeit haben. Machen Sie einen Termin und dann wird sich alles klären.«

JM: »Weißt du, wie lange das dauert? Mann, ich habe zur Zeit nicht einen Cent zum Leben. Ich kann nicht noch zwei Wochen warten, bis hier jemand Zeit hat!«

W: »Das ist wohl ganz allein Ihr Problem. Ohne Termin kein Zutritt!«

JM: »Du Arschloch willst wohl nicht begreifen. Ohne die Kohle bin ich am Ende. Da kann ich mich gleich vor den Zug schmeißen.«

W: »Machen Sie, was Sie wollen. Der Nächste!«

Die Gesichtsfarbe des jungen Mannes wechselt von rosa zu feuerrot. Mit geballten Fäusten und einem Meter Anlauf versucht er die Festung zu stürmen. Vergebens. Innerhalb von Sekunden befördern ihn die kampferprobten Sicherheitsleute auf den Boden und fixieren seine Arme.

Erpressbar durch Zukunftsangst

In diesem Moment senken sich wie auf Befehl die Köpfe der Umstehenden, als ob sie nichts mitbekommen hätten. Sich nun solidarisch zu zeigen, würde ihnen offenbar nur selbst zusätzliche Probleme bereiten. Ich nehme eine ängstliche und scheinbar wehrlose Masse wahr, die sich einer gewaltbereiten Obrigkeit beugt. Die Rollen sind hier klar verteilt. Routiniert, als wäre nichts gewesen, beziehen die Wachleute wieder ihre Stellung.

Als ich an der Reihe bin, wird mein Rucksack erst einmal auf gefährliche Gegenstände durchsucht. Außerdem macht mir der »Wachhund« deutlich, dass auch für mich ohne eine schriftliche Einladung der Zutritt ins Gebäude nicht erlaubt ist. Richtig: Die Terminbestätigung meines Fallmanagers ist noch auf dem Postweg. Papierkram schlägt Eigeninitiative. Und nach dem eben erlebten Umgang mit dem Jungen ist mir klar, dass Widerrede oder Verhandlungsversuche zwecklos sind. Erwachsene Menschen werden hier behandelt wie Pubertierende, die Einlass in eine Disko begehren und am Türsteher scheitern. Doch so ganz will ich mich mit dieser demütigenden Situation noch nicht abfinden und zitiere ein primäres Ziel der Agenda 2010, nach dem die Behörde effizienter und bürgerfreundlicher werden soll. Das hätte ich allerdings auch der Hauswand erzählen können, denn der bullige Wachmann nimmt diese Worte ungerührt hin und brüllt erneut: »Der Nächste!«

Bei Problemen mit den Behörden bieten Rechtsanwälte ihre Hilfe an (siehe auch Internetadressen S. 214).
Im ersten Halbjahr 2008 gingen 61 970 Hartz-IV-Empfänger gerichtlich gegen Bescheide und Behörden vor – 36 Prozent mehr als im Vorjahreszeitraum.

Durch diesen gescheiterten Versuch ein wenig geschockt, setze ich mich erst einmal auf eine Bank inmitten der Fußgängerzone und lasse meine Blicke schweifen. Erst jetzt dämmert mir, warum die Mitarbeiter in den Billigläden so überfordert und gehetzt wirken. Mir wird klar, dass ihnen die Angst vor Hartz IV im Nacken sitzt, dessen Auswirkungen sie hier täglich vor Augen haben. Sie sind durch die aktuelle Sozialpolitik erpressbar geworden und deshalb bereit, zu kläglichen Bedingungen zu arbeiten. In der Folge können sich viele der hier lebenden Menschen nur noch Waren aus Billiglohnländern wie China leisten, und wenn die Preise purzeln, fallen auch die Gehälter des Verkaufspersonals. Die deutsche Wirtschaftspolitik unterstützt und verstärkt diese Entwicklung übrigens noch durch erhöhte Importe aus dem Reich der Mitte.

Der Stadtteil Schalke mit seinen vielen Discountern befindet sich in einem Sog, der zahlreiche Menschen schließlich in jene Situation hineinzieht, von der ich soeben vor der Arbeitsagentur einen Vorgeschmack bekommen habe.

»Trau keiner Statistik, die du nicht selbst gefälscht hast!«

Mit diesem nicht gerade vertrauenerweckenden Satz begann mein damaliger Professor jede seiner Vorlesungen zum Thema Statistik. Und obwohl diese Aussage jeden aufmerksamen Zuhörer an den errechneten Ergebnissen zweifeln lassen musste, lernte ich, dass diese eine größtmögliche Objektivität bieten und von subjektiven Einflüssen befreit sein sollen. Somit werden statistische Erhebungen und das darin enthaltene Zahlenwerk oftmals zur Grundlage für wichtige wirtschaftliche und politische Entscheidungen.

Doch Ungenauigkeiten und Fehlinterpretationen sind an der Tagesordnung. Sie können nicht nur die Aussagekraft bestimmter Wirtschaftsdaten beeinträchtigen, sondern auch zu falschen Entscheidungen oder zu politischem Missbrauch führen. Dies beginnt schon bei der Auswahl der zitierten Statistiken, welche sich selten an den Bedürfnissen der Menschen orientieren, sondern meist entpersonalisierte Indikatoren abbilden, mit denen höchstens ein Fachmann etwas anfangen kann. So lassen sich für den Laien nicht überprüfbare Dinge behaupten. Die für Hartz-IV-Empfänger lebensentscheidende Einkommens- und Verbraucherstichprobe – kurz EVS – wird alle fünf Jahre vom Statistischen Bundesamt erhoben. Die EVS ist eine amtliche, aber freiwillige Datenerhebung über die Lebensverhältnisse in Deutschland. An ihr nahmen 2003 rund 0,2 Prozent aller privaten Haushalte teil.

Wenn Sie mitmachen, müssen Sie drei Monate in einem Haushaltsbuch die Einnahmen und Ausgaben aller Haushaltsmitglieder so detailliert wie möglich aufschreiben. Gemeinsam mit den allgemeinen Angaben über Ihre Wohnverhältnisse sowie Ihres Geld- und Sachvermögens gehen diese Daten – ohne jegliche Möglichkeit der Überprüfung – in die Stichprobe ein. Auf diese Weise werden sie dann zur Berechnungsgrundlage für genau jenen festgesetzten Regelsatz, der für Hartz-IV-Empfänger zum Leben ausreichen soll.

So ergab sich aus der Erhebung von 2003 für einen Alleinstehenden eine sogenannte Eckregelleistung von 345 Euro monatlich.* Wie weit entfernt von der Realität eines Arbeitssuchenden war ich doch, als ich bis vor Kurzem noch dachte, dass dieser Betrag allein für Lebensmittel und Freizeit zur Verfügung steht. Doch jetzt werde ich eines Besseren belehrt und ganz langsam wird mir klar, welch entbehrungsreiche Zeit in den nächsten Monaten auf mich zukommt: Von den 345 Euro bleiben mir laut EVS für Nahrungsmittel und Getränke 132,71 Euro monatlich. Pro Tag also ganze 4,42 Euro.

* Ab 1. Juli 2008 wurde der Arbeitslosengeld II Regelsatz um zwei Euro angehoben.

Wie stellt sich der Hartz-IV-Regelsatz zusammen (AGL-II-Regelsatzberechnung)?

Nahrungsmittel, Getränke, Tabakwaren	132,71 €
Bekleidung, Schuhe	34,13 €
Wohnung, Strom	26,87€
Einrichtungsgegenstände, Möbel	27,77 €
Haushaltsgeräte und deren Instandhaltung	
Gesundheitspflege	13,21 €
Verkehr ÖPNV	19,20 €
Nachrichtenübermittlung, Telefon, Post	20,38 €
Freizeit, Unterhaltung, Kultur	38,71 €
Beherbergungs-und Gaststättenleistungen	10,33 €
Andere Waren und Dienstleistungen	21,69 €

Quelle:www.gegen-hartz.de / hartzivregelleistung.php

Einkaufen am Limit

In den ersten Wochen meines Selbstversuchs entscheide ich mich für die unter Hartz-IV-Empfängern weitverbreitete »Hamstermethode«: Von den knapp 133 Euro, die am Anfang des Monats ausgezahlt werden, werden so viele Lebensmittel wie nur möglich eingekauft, in der Hoffnung, dass diese bis zu dessen Ende ausreichen. Die restlichen Beträge wie zum Beispiel für Kleidung oder Strom lege ich in kleinen Kassen an – zwingt mich der Gesetzgeber doch, einen kleinen, ordnungsgemäßen Haushalt zu führen. Und verlangt dadurch, dass dieser auch immer ausgeglichen sein muss. Eine Leistung, die seit Bestehen der BRD übrigens in kaum einem Bundes- oder Landeshaushalt erbracht wurde.

Ausgestattet mit 132,71 Euro und einem Taschenrechner ziehe auch ich nun los, mit dem Ziel, hierfür die größtmögliche Anzahl an Lebensmitteln einzukaufen. Direkt um die Ecke hat Feinkost Albrecht (ALDI) eine kleine und sehr heruntergekommene Filiale. Hier treffen sich schon sehr früh am Morgen die ersten Arbeitssuchenden zu einer Flasche Billigbier in Plastikflaschen mit Schraubverschluss.

Beim Durchstöbern der Regale wird mir schnell bewusst, dass ich als ernährungsbewusster Mensch in der nächsten Zukunft auf den Luxus, mich mit vollwertiger Biokost zu ernähren, verzichten muss. Zudem hatte ich mir in den letzten zwei Jahren das Privileg erarbeitet, nur die Artikel einzukaufen, auf die ich auch tatsächlich Lust verspürte, ohne dabei auf den Preis achten zu müssen. Nun stehe ich sehr hilflos vor dem Discountersortiment und muss die Entscheidung treffen, worauf ich nicht nur heute, sondern ebenso in den kommenden 30 Tagen Appetit haben könnte.

Nachdem mein Einkaufswagen mit Grundnahrungsmitteln wie Kartoffeln, Reis, Nudeln und so weiter schon bis zur Hälfte gefüllt ist, bleiben mir noch knapp 70 Euro.

Als ich mich gerade mit den Haltbarkeitsdaten der Milchprodukte beschäftige, fällt mir ein Mann auf, der mir bereits mehrfach im Treppenhaus begegnet ist. Dem stets in schwarz gekleideten, hageren Typ hatte ich oft freundlich zugenickt, doch ohne meinen Gruß zu erwidern, huschte er jedes Mal an mir vorbei. Seine Körpersprache hinterließ bei mir den Eindruck, dass er keinen Kontakt wünschte und ihn schon mein freundlicher Gruß überforderte.

In schnellen, hektischen Bewegungen läuft er nun auch hier im Supermarkt durch die Gänge und packt zielsicher einige Lebensmittel in seinen Einkaufswagen. In dem Moment, als er das Kühlregal erreicht, spreche ich ihn an. Fast erschrocken hebt er seinen Kopf. Unter der Schirmmütze scheint für einen kurzen Moment sein schmales, kalkweißes und von Akne vernarbtes Gesicht auf, das durch meine spontane Frage, ob wir nicht Nachbarn seien, plötzlich rot anläuft. Ohne ein Wort zu erwidern, rast er zur Kasse. Ich musste mich noch einige Wochen gedulden, um in einem interessanten Gespräch mehr zu erfahren.

Nach knapp einer Stunde ist mein Einkaufswagen gut gefüllt und mein Budget bis auf 15 Euro, die ich mir für Frischwaren übrig lasse, abgeschmolzen. Bereits am 20. des Monats sind meine Vorräte so weit aufgebraucht, dass nicht einmal eine genügsame Kirchenmaus von den Resten satt geworden wäre.

Woher nehmen, wenn nicht stehlen?

Nun stehe ich vor der gleichen Aufgabe, die auch unseren Politikern nicht fremd ist: Wenn das zustehende, von Anfang an zu gering bemessene Budget für Nahrungsmittel ausgegeben wurde, müssen andere Kassen angezapft werden. Die laufenden Kosten tun einem leider nicht den Gefallen, für die Zeit zu ruhen, in der kein Geld da ist. Doch wo hatte ich überhaupt noch Rücklagen, geschweige denn finanziellen Spielraum?

Die Kasse für Energie- und Stromverbrauch, welche Anfang des Monats noch mit 26,87 Euro gefüllt war, ist bereits durch die Abschlagszahlung von 50 Euro um gut das Doppelte überzogen. Da ich auf den öffentlichen Nahverkehr verzichte und zu Fuß meine Dinge erledige, kann ich mit 19,20 Euro das entstandene Finanzloch fast decken. Doch auch der mir zustehende Betrag für Telefon und Post in Höhe von 20,38 Euro ist bereits um mehr als 15 Euro überzogen. Das angesparte Budget für Freizeit und Kultur muss damit zum Ausgleich der anderen Haushalte herhalten. Als allerletzte Möglichkeit bleibt mir der Betrag für Einrichtungsgegenstände. Die 27,77 Euro, die ich versuche monatlich zurückzulegen, sind eigentlich dafür gedacht, ein Möbelstück oder die Waschmaschine bei einem Defekt ersetzen zu können.

Am Ende des Lebensmittelgeldes ist also noch ein Drittel

Monat übrig, und ausgestattet mit den Restbeträgen aus meinen anderen Mini-Kassen stehe ich wieder vor den Regalen eines Discounters, um mich für die kommenden zehn Tage einzudecken. Noch in der gleichen Woche geschieht mir etwas, das in den Haushaltsprotokollen der 0,2 Prozent statistisch befragten Bevölkerung in drei Monaten nicht vorkam: Die feucht-nassen Wände meiner Parterrewohnung schlagen sich direkt auf meine Bronchien nieder und machen mir das Atmen schwer. Was nun? Alle Budgets sind bis auf den letzten Cent aufgebraucht. Woher soll ich jetzt die 10 Euro Praxisgebühr für den Arztbesuch nehmen? Auch die von mir benötigten Medikamente sind längst rezeptfrei und somit selbst zu zahlen. Für Krankheit und medizinische Versorgung gibt es bei Hartz IV jedoch kein Budget. Eine besonders bittere Ironie: Im Zeitalter der Verhütung durch die Pille hatten die an der Erhebung teilnehmenden Damen offenbar die Kosten hierfür vergessen! In Anbetracht dessen erscheint mir auch die wichtige »Mach mit«-Aktion der Aidsstiftung in neuem Licht: Wovon soll sich ein Hartz-IV- Empfänger Kondome leisten können?

Bereits nach diesen ersten 30 Tagen ist mir klar, wie praxisfern die Daten und Zahlen der EVS sind. Doch resignieren tue ich nicht: Schnell bestelle ich mir die Formulare für die Erhebung 2008 und fülle den Haushaltsplan so aus, dass sich durch meine Angaben der monatliche Regelsatz um mehr als 200 Euro erhöhen muss. Würden sich jetzt lediglich 30 000 Menschen finden, die das Gleiche tun, wäre es möglich, die Zahlungen in diesem Sinne zu beeinflussen. An diesem Punkt würde die Macht tatsächlich vom Volke ausgehen und dieser Statistik könnte man endlich trauen, denn wir hätten sie schließlich selbst »gefälscht«.

Neue Identität

In diesen ersten vier Wochen unter Hartz-IV-Bedingungen wird mir vor allem klar, welche Rechenleistungen nötig sind, um mit den äußerst knappen Mitteln über die Runden zu kommen. Doch es ist nicht das allein. Obwohl ich in einem sozialen Brennpunkt mit über 20 Prozent Arbeitssuchenden lebe, also viele Menschen die gleichen Probleme haben, ist es mir noch nicht gelungen, Kontakte zu ihnen aufzubauen. Hartz-IV-Empfänger leben meist zurückgezogen am Rande der Gesellschaft.

Während ich noch über die soziale Isolation nachdenke, die durch Armut ausgelöst wird, klingelt es an meiner Wohnungstür. Der gehetzte Postbote eines privaten Unternehmens will sich den wiederholten Besuch ersparen und bittet mich, ein Paket für meinen Nachbarn entgegenzunehmen. So komme ich nun unverhofft und durch einen Zufall doch noch in die Situation, einen sozialen Kontakt herzustellen. Einige Stunden später stehe ich vor der Tür meines Nachbarn, und zu meinem Erstaunen lädt mich der sonst so zurückhaltende Mann sogar in seine Privatsphäre ein.

Nachdem er mir einen Platz angeboten hat und zum Kaffeekochen in seiner Singleküche verschwindet, habe ich Gelegenheit, mich ein wenig umzusehen: Die für den Wohn- und Schlafraum ohnehin viel zu kleinen Fenster sind durch heruntergelassene Jalousien abgedunkelt. Und als hätte der Bewohner dieser Behausung eine Allergie gegen die draußen mit voller Kraft brennende Frühjahrssonne, sind diese Frischluftluken noch zusätzlich mit schwarzer Folie beklebt. Der verkümmerte Ficus hat bereits alle Blätter verloren. Einige davon liegen noch vertrocknet um den Topf verteilt herum. Auch die Yuccapalme sieht nicht so aus, als wäre sie in letzter Zeit mit Wasser und Tageslicht verwöhnt worden.

Die schwarze Ledercouchgarnitur hat ihre besten Zeiten ebenfalls deutlich hinter sich, doch macht sie deutlich, dass es diese mal gab. Auch der übergroße Flachbildschirm, der gemeinsam mit der Spielkonsole und dem Computer wie ein Altar den Mittelpunkt des Raums markiert, ist ein klares Anzeichen für früheren Wohlstand.

Vom Regen in die Traufe

H: »Bist wohl auch arbeitslos?«, fragt der wortkarge Hans, als er sich mit den zwei Kaffeetassen wieder zu mir gesellt.

»Genauer gesagt, bin ich seit kurzer Zeit arbeitssuchend.«

Der sonst so ernsthafte Gesichtsausdruck lockert sich sichtbar und aus einem anfänglich zarten Lächeln wird innerhalb von Sekunden ein lauthalses Lachen. Ermuntert von der befreienden Reaktion beobachtete ich, wie Hans in den nächsten Minuten versucht, zur gewohnten Ernsthaftigkeit zurückzukehren. Die wenigen Freudentränen, welche sich langsam in sein vernarbtes Gesicht graben, sind noch nicht getrocknet, als er erwidert:

H: »Dann mach dich mal auf einiges gefasst!«

»Wie meinst du das?«

H: »Ich bin ein von der Agentur vollkommen durchtherapierter Langzeitarbeitsloser. Die Hoffnung, dass ich mit meinen 42 Lenzen noch vermittelt werde, habe ich verloren.«

»Seit wann hast du keine Arbeit mehr?«

H: »Puh, lass mal überlegen. Meinen letzten Job habe ich vor sechs Jahren verloren. Danach wurde ich zunächst zu einer dreimonatigen Bewerbungsmaßnahme verdonnert. Ich wusste dann zwar genau, was ein Arbeitgeber formal korrekt in einer Bewerbung sehen will, doch auch meine über 200 geschriebenen fanden kein Interesse. Als dann das ALG II eingeführt wurde, bekam ich für sechs Monate einen 1-Euro-Job bei der Stadt Gelsenkirchen. Doch obwohl mir die Arbeit in den Grünanlagen Spaß gemacht hat, wurde die Maßnahme nicht verlängert. Danach folgten mehrere Praktika unter anderem bei General Electric und General Motors, dem Eigentümer von Opel. Auch hier war jeweils nach drei Monaten unbezahlter Arbeit alles vorbei. Letzte Hoffnung gab mir dann eine Anstellung bei einer Leihfirma. Nachdem ich allerdings nach sechs Wochen noch immer keinen Cent gesehen hatte, merkte ich so langsam, dass ich vom Regen in die Traufe gespült wurde. Als ich nach zwei Monaten immer noch kein Geld hatte, kündigte ich. Und das war mein größter Fehler! Aufgrund dessen hat mir die ARGE eine Sperre von drei Monaten aufgebrummt. Erst nach mehrmaligen Gesprächen mit meinem Fallmanager erbarmte sich dieser und bewilligte mir ein Darlehen, um wenigstens nicht auf der Straße zu landen. Somit habe ich trotz Arbeit das erste Mal in meinem Leben Schulden. Nee, arbeiten kann ich mir beim besten Willen nicht mehr leisten!«

»Hast du eine Ausbildung?«

H: »Ich stamme aus einer typischen Ruhrpottfamilie. Über zwei Generationen hat der Bergbau für eine sichere Existenz gesorgt. Mein Großvater und mein Vater waren Steiger unter Tage. Ich stellte schnell fest, dass ich kaum handwerkliches Geschick habe, und so ließ ich mich in der Verwaltung der Zeche zum Industriekaufmann ausbilden. Danach wechselte ich zu einer großen und alteingesessenen Zulieferfirma. Als die Zeche vor einigen Jahren die Tore schloss, verloren auch wir unsere sicher geglaubten Arbeitsplätze.«

In diesem Moment unterbricht ein lautes Signal aus seinem Computer unsere Unterhaltung. Hans eilt sofort an die Tastatur. Automatisch springt der Monitor an und die Seite eines Spiels öffnet sich. Ich erfahre, dass er sich darin in monatelanger und totaler Hingabe akribisch ein neues Leben ganz nach seinen Wünschen aufgebaut hat. Mein Nachbar, ein arbeitssuchender, 42 Jahre junger Mensch, bastelt also tagtäglich an seiner neuen Identität in einer virtuellen Welt. Er verfügt offenbar nicht nur über Kompetenzen als Industriekaufmann und engagierter Grünanlagenpfleger, sondern erweist sich auch noch als eine in technischen Dingen versierte Fachkraft. Im Paralleluniversum seines Computers ist er als Brain ein angesehener und erfolgreicher Geschäftsmann. Glücklich verheiratet mit zwei – natürlich intelligenten, gesunden – Kindern und einem Haus mit Luxuswagen vor der Tür.

Die Hartz-IV-Realität hingegen hält für diesen vielseitig begabten Menschen nur Enttäuschungen, stetige Unzufriedenheit, Scham und den kompletten Verlust des Selbstwertgefühls bereit.

Der Kampf um leere Flaschen

Als ich mich von Hans verabschiede, gibt er mir noch einen guten Tipp, wie ich mir zusätzlich ein paar Euro verdienen kann: Seit dem 1. Mai 2006 sind in unserem Land sämtliche Verpackungen für Bier, Mineral- und Tafelwasser, Erfrischungsgetränke, Alcopops in Dosen und Einwegflaschen pfandpflichtig.

Mehrfach war mir schon die Warteschlange vor dem Leergutautomaten des Discounters um die Ecke aufgefallen. Doch ohne mir weitere Gedanken darüber zu machen, ging ich an den mit vollgestopften Plastiktüten wartenden Menschen immer vorbei. Lediglich an der Kasse fielen mir des öfteren Kunden auf, die, ohne einen einzigen Artikel gekauft zu haben, anstanden. Geduldig zahlte ihnen die Kassiererin jedes Mal den Betrag aus und sie verließen den Laden. Es war also tatsächlich möglich, sich durch das Einsammeln von Pfandflaschen und -dosen die kargen Hartz-IV-Bezüge aufzubessern. Doch was ließe sich hierbei verdienen?

Ich denke mir, dass der frühe Vogel wohl den dicksten Wurm fängt, und ziehe am nächsten Morgen los. Bereits nach wenigen Minuten habe ich die Fußgängerzone erreicht und stehe vor dem ersten Mülleimer. Der mit Zeitungspapier, Verpackungsmaterial und leeren Zigarettenschachteln gut gefüllte Behälter lädt förmlich zum Durchstöbern ein. Als ich jedoch zugreifen will, fängt mein Herz an, schneller zu schlagen, die Hände zittern und das tief verankerte Gefühl der Scham lässt mich wieder zurücktreten. In diesem Moment wird mir bewusst, dass ich an einem Punkt angelangt bin, der in meinem bisherigen Leben keine Rolle spielte. Zwar hatte ich bis zu diesem Zeitpunkt schon einige harte Zeiten hinter mir, doch wurden diese Probleme bisher immer im engsten Familienkreis besprochen.

Der Griff in den Müllbehälter wäre nun ein erstes öffentliches Eingeständnis meiner Armut. Kaum zu glauben, doch es ist brutale Realität: Ich stehe in einer Fußgängerzone mitten in Gelsenkirchen und alles, was mich im Augenblick interessiert, ist der Inhalt eines Abfalleimers. Während ich noch mit meiner Angst kämpfe, vor mir unbekannten Menschen meine Mittellosigkeit zu offenbaren, lasse ich das Objekt meiner Begierde keine Sekunde aus den Augen. Als einige Minuten später kaum Passanten zu sehen sind, nehme ich allen Mut zusammen – und greife zu. Mit rotem Kopf und pochendem Herzen ertastete ich zwischen dem restlichen Müll eine Kunststoffflasche, die ich hektisch herausziehe. In diesem Moment ertönt ein lautes: »Hey, was machst du denn da?«

Mein Herz beginnt jetzt zu rasen und zerschlägt dabei förmlich den Brustkorb. Auf der Bank neben dem Müllbehälter sitzt ein alter, in eine Decke gehüllter Mann, der mir bis zu diesem Zeitpunkt nicht aufgefallen war. Nach meinem langen innerlichen Kampf bin ich nun jedoch nicht bereit, die Beute zu teilen oder gar aufzugeben. Ich erwidere also frech:

»Na, Flaschen sammeln, siehst du doch!«

AM: »Das stellst du dir aber ein bisschen zu einfach vor. So geht das nicht!«

»Und warum nicht, das ist doch eine öffentliche Mülltonne?«

AM: »Das schon, aber die steht in meinem Revier. Bist wohl neu?«

»Wie soll ich das verstehen? Soll das heißen, dass der Inhalt dir gehört??«

AM: »Genau, und zwar schon seit Langem. Hier in der Fußgängerzone wirst du dir nur Ärger einhandeln. Die Mülleimer sind bereits alle aufgeteilt. Such dein Glück woanders und lass meine Flasche ja hier.«

Geldquelle Einwegpfand

Gewillt, nach dieser ersten Enttäuschung nicht den Mut zu verlieren, ziehe ich weiter in Richtung Hauptbahnhof. Bereits nach wenigen Müllbehältern im Eingangsbereich habe ich meinen Plastikbeutel mit Dosen und Flaschen über die Hälfte gefüllt. Mit jeder einzelnen Flasche rückt das Gefühl der Scham mehr und mehr in den Hintergrund und wird durch die Kühnheit und das Selbstbewusstsein eines erfolgreichen Jägers ersetzt.

Wenn man es einmal genau betrachtet, ist das von Herrn Trittin entworfene Gesetz zum Einwegpfand wahrscheinlich die einzige wirklich soziale Gesetzgebung der rot-grünen Regierung unter Gerhard Schröder. Hieraus entwickelte sich für so manchen Hartz-IV-Empfänger längst eine zusätzliche Einnahmequelle und für viele an der Armutsgrenze lebende Menschen gehört der Kampf um leere Flaschen längst zum Alltag.

Als ich gerade die Tonne auf Gleis 1 leere, fällt mir im Treppenaufgang das zivile Sicherheitspersonal auf. Obwohl die Männer direkt auf mich zukommen, bin ich mir keiner Schuld bewusst und sammle fleißig weiter. Wenige Minuten später stehen die blau Uniformierten direkt vor mir und belehren mich über die Hausordnung der Bahn und dass es nicht gestattet sei, Abfallbehälter auf verwertbare Materialien zu durchsuchen. Ich erhalte einen mündlichen Hausverweis und lerne, dass Müllsammeln und das

Durchsuchen von Abfallbehältern

– zumindest auf Bahnhöfen – strafbar ist. Bei wiederholtem Verhalten dieser Art droht mir eine Anzeige.

Um ihren Aussagen Nachdruck zu verleihen, stellen die beiden Herren sicher, dass ich den Bahnhof auf direktem Wege verlasse. Erst nach mehrmaligen Bitten lassen sie wenigstens von meinem bisher erbeuteten Schatz ab, der immerhin einen Wert von 6,08 Euro hat.

Stolz stehe ich kurze Zeit später an einer kleinen Imbissbude, gönne mir eine Bratwurst und ein kühles Bier. Dabei komme ich mir ein bisschen vor wie ein verwegener Pirat, der gerade die Schatullen des Sozialstaates plündert, denn eigentlich müsste ich meinen Fallmanager über die zusätzliche Einnahme dieses Tages informieren. Eigentlich. Doch jetzt genieße ich erst einmal mein Bierchen.

Wohnst du noch – oder ziehst du schon um?

An einem Montagabend, ich sitze gerade in meiner kleinen Wohnung und beschäftige mich mit den alltäglichen Tagebucheinträgen, weckt ein lautes, dumpfes Trommeln mein Interesse. Neugierig öffne ich das Fenster zur Hauptstraße und bin erstaunt, was ich da zu sehen bekomme:

Auf der von Polizisten abgesperrten Straße ziehen etwa 100 Demonstranten mit großen Plakaten mitten durch die Innenstadt. Nun ist mein Interesse nicht allein der Tatsache geschuldet, dass eine Gruppe von Menschen ihren Unmut öffentlich äußert, sondern eher deren Grund auf die Straße zu gehen.

Die offensichtlich von Gewerkschaften und einigen linken Gruppierungen organisierte Veranstaltung hat eine zentrale, einfache Forderung, die auf alten Bettlaken in großen Buchstaben festgehalten ist: »Hartz IV muss weg!«

Seit der Einführung der neuen Sozialgesetzgebung findet diese Demonstration jeden Montag statt und bietet damit eines der wenigen öffentlichen Foren für Hartz-IV-Empfänger. In nur wenigen Minuten befinde ich mich mitten unter ihnen und laufe bis zur Schlusskundgebung mit. Ein »offenes Mikrofon« ermöglicht jedem, seinen Unmut oder seine Probleme zu äußern.

An diesem Montag ergreift Michael das Wort, ein kräftiger, 23-jähriger Mann, der nach seiner Ausbildung zum Heizungsbauer einen freiwilligen Wehrdienst in Afghanistan absolvierte. Nachdem dieser beendet war und Michael nach unzähligen Bewerbungen keine Anstellung fand, meldete er sich bei der ARGE als arbeitssuchend.

Zu diesem Zeitpunkt lebte er in einer 55 Quadratmeter großen Wohnung, deren Miete während seines Einsatzes von der Bundeswehr, also von einer staatlichen Einrichtung, beglichen wurde. Seinem Fallmanager, ebenfalls tätig im Dienste des Staates, erschien die Miethöhe und die Größe der Wohnung für einen Alleinlebenden jedoch als unangemessen. So erhielt der 23-Jährige per Bescheid eine Aufforderung zur Senkung der monatlichen Kosten. Um dem ganzen Nachdruck zu verleihen, kürzte sein Manager die monatlichen Bezüge um 50 Euro, so dass Michael lediglich 295 Euro zur Verfügung hatte.

Doch die Suche nach einer passenden Bleibe erwies sich als äußerst schwierig. Seit Einführung von Hartz IV und der damit verbundenen vorgeschriebenen Maximalgröße von Wohnungen waren gerade die kleineren Behausungen auf dem Mietmarkt gefragter denn je. Das führte, ganz nach den ökonomischen Prinzipien, zu einer erhöhten Nachfrage, damit zu einem stark begrenzten Angebot und zu stetig steigenden Preisen. So gelang es dem mittlerweile verzweifelten jungen Mann nicht, eine passende Unterkunft zu finden. Sein Berater zeigte jedoch kein Erbarmen und kürzte die Bezüge um weitere 50 Euro. Zum Ausgleich bot er Michael ein öffentliches Darlehen an. Im Klartext: Der Fallmanager empfahl einem Hartz-IV-Empfänger, er solle sich monatlich um 100 Euro – also knapp ein Drittel seines Budgets – verschulden, um weiterhin in seiner Wohnung bleiben zu dürfen.

Doch eines hat man dem jungen Mann in den letzten Jahren auch beigebracht: um sein Leben zu kämpfen. Er nahm sich einen Rechtsanwalt und versuchte gegen den Bescheid Einspruch einzulegen. Sein Fallmanager zeigte sich davon ebenfalls kaum beeindruckt. So drangsaliert er bis heute den jungen Mann, und eine unscheinbare Vorschrift gibt ihm dabei auch noch Schützenhilfe.

Die U-25-Regelung

Bereits mit dem Gesetz zur Änderung des zweiten Buches Sozialgesetzbuch wurde bestimmt, dass junge Erwachsene, die das 25. Lebensjahr noch nicht vollendet haben, nur mit Zustimmung des örtlichen Kostenträgers eine eigene Wohnung beziehen dürfen.

Dazu § 22 SGB II Abs. 2a:

(2a) Sofern Personen, die das 25. Lebensjahr noch nicht vollendet haben, umziehen, werden ihnen Leistungen für Unterkunft und Heizung für die Zeit nach einem Umzug bis zur Vollendung des 25. Lebensjahres nur erbracht, wenn der kommunale Träger dies vor Abschluss des Vertrages über die Unterkunft zugesichert hat. Der kommunale Träger ist zur Zusicherung verpflichtet, wenn

1. der Betroffene aus schwerwiegenden sozialen Gründen nicht auf die Wohnung der Eltern oder eines Elternteils verwiesen werden kann,

2. der Bezug der Unterkunft zur Eingliederung in den Arbeitsmarkt erforderlich ist oder

3. ein sonstiger, ähnlich schwerwiegender Grund vorliegt.

Unter den Voraussetzungen des Satzes 2 kann vom Erfordernis der Zusicherung abgesehen werden, wenn es dem Betroffenen aus wichtigem Grund nicht zumutbar war, die Zusicherung einzuholen. Leistungen für Unterkunft und Heizung werden Personen, die das 25. Lebensjahr noch nicht vollendet haben, nicht erbracht, wenn diese vor der Beantragung von Leistungen in eine Unterkunft in der Absicht umziehen, die Voraussetzungen für die Gewährung der Leistungen herbeizuführen.

Diese Zeilen ermöglichen es dem Fallmanager, Michael dazu zu zwingen, innerhalb der nächsten drei Monate seine Wohnung aufzulösen und zurück in die seiner Eltern zu ziehen. Die nicht angemessenen Kosten einer eigenen Wohnung könnten von der ARGE in Zukunft nicht mehr übernommen werden, heißt es.

Übrigens: Der Fallmanager hätte auch kulant sein und gemeinsam mit Michael eine für beide Seiten tragbare Lösung finden können, denn es liegt in seinem Ermessen, wie er mit den »Kunden« und ihren Lebenssituationen umgeht. Die sogenannte Experimentierklausel (SGB II, § 6 a) erlaubt und fordert dies. Dieser Spielraum soll zur Erprobung von Maßnahmen genutzt werden, die für die jeweils individuelle Lage der Arbeitsuchenden am besten geeignet sind. Statt dies nun vor allem als Chance für Erleichterung und Handlungsfähigkeit in einer meist hoffnungslos festgefahrenen und menschenfeindlichen Bürokratie wahrzunehmen, ignorieren offenbar zahlreiche Fallmanager diese Gesetzespassage. Vielmehr benehmen sie sich wie kleine Fürsten, die plötzlich nach Gutdünken über Zukunftschancen von Menschen bestimmen können. Das erinnert mehr an feudalistische Willkür als an rechtsstaatliche Rahmenbedingungen, die unter anderem die Demokratie stützen und den sozialen Frieden wahren sollen.

Dass Michael tatsächlich kein Einzelfall ist, zeigten weitere Recherchen, die ich anzustellen begann, nachdem ich von seiner Situation erfahren hatte. Seit der Einführung von Hartz IV im Jahr 2005 wurden mehr als 40 000 junge, volljährige Menschen gezwungen, wieder ins »Hotel Mama« zurückzuziehen. Doch nicht allein die unter 25-Jährigen sind solchen Zwangsmaßnahmen ausgesetzt. Nach Schätzungen des deutschen Mieterbundes aus dem Jahr 2007 erhielten seitdem mehr als eine halbe Millionen Menschen die Aufforderung zur Senkung ihrer diesbezüglichen Kosten und müssen sich täglich der Frage stellen: Wohnst du noch – oder steht schon der Zwangsumzug an?

Von einigen engagierten Mitstreitern der Montagsdemo erhielt ich noch den Tipp, wie ich günstiger als bei den Discountern an Lebensmittel herankommen könne. In einem Stadtteil von Gelsenkirchen öffnet seit einem Jahr einmal wöchentlich der Markt für Hartz-IV- Empfänger.

Der neue Markt für Arbeitssuchende

Heute gönne ich mir den Luxus, mich von einem Mercedes mit Fahrer befördern zu lassen. Die 2,10 Euro für das Ticket hatte ich mir mal wieder mit dem Einsammeln von Pfandflaschen verdient. Nach 20-minütiger Fahrt durch die Innenstadt erreiche ich mein Ziel.

Auf dem kurzen Fußweg zum Marktplatz begegnet mir eine Vielzahl von Menschen, die sich mit Leiterwagen oder großen Sackkarren auf den anstehenden Großeinkauf gut vorbereitet haben. Eine angespannte Atmosphäre, wie sie zum Beispiel auch von wartenden Menschen vor den Kaufhäusern beim Winterschlussverkauf ausgeht, war an diesem Ort deutlich spürbar. In der sich sehr schnell bewegenden Menschenmasse versucht jeder ganz vorne zu sein. Je näher wir dem Marktplatz kommen, desto schneller werden die Schritte und das Drängeln intensiver, so dass schon der Einsatz von Ellenbogen nötig ist, um seinen Platz zu behaupten. Diese Form der Schnäppchenjagd hatte bereits weit vor den Toren des Marktes begonnen und erreichte vor den Ständen nun ihren Höhepunkt.

Das mir auf den ersten Blick sehr reichhaltig erscheinende Angebot von Überproduktionen und Frischwaren, deren Haltbarkeitsdaten kurz vor dem Ablauf stehen, ist innerhalb kürzester Zeit vergriffen. In einem atemberaubenden Tempo gehen hier palettenweise Milchprodukte, Obst und Gemüse, aber auch Wurstwaren über die Ladentheke. Es ist noch nicht einmal Mittag, doch die Marktstände sind bereits nahezu leergefegt und erst jetzt, nachdem die Beute verteilt ist, stellte sich eine erholsame Ruhe ein.

Die Transportbehälter sind nun prall gefüllt und die vorher angespannten Gesichter sind sichtbar aufgehellt und erleichtert. In der hintersten Ecke des recht großen Geländes lädt das Rote Kreuz noch zu einer Erbsensuppe mit Wurst für 1,50 Euro ein.

Ich bin an diesem Tag auch noch mit der jungen, alleinerziehenden Mutter eines schwerstbehinderten Kindes verabredet. Die korpulente, kleinwüchsige und stets kampfbereite Frau hat ebenso wie Michael ein Problem mit ihrer Wohnung.

Nach der Mittleren Reife heiratete die damals 18-Jährige ihren Jugendfreund und verzichtete auf eine Berufsausbildung. Ihr Ehemann hatte eine gut bezahlte Arbeitsstelle, welche ihnen die sicher geglaubte Grundlage bot, sich den gemeinsamen Wunsch nach einem Kind zu erfüllen. Obwohl nach den ersten Untersuchungen klar war, dass das Kleine mit einer Behinderung zur Welt kommen würde, entschieden sich die Eltern für das heranwachsende Leben. Kurz bevor das Töchterchen das Licht der Welt erblickte, verlor der werdende Vater seine Arbeitsstelle und mit jeder Absage mehr und mehr an Selbstvertrauen. Nachdem die ersten 12 Monate vergangen waren, lief das ausreichende ALG I aus, die finanzielle Not begann und wurde für beide bald unerträglich. Schließlich trennten sie sich und Ingrid blieb gemeinsam mit ihrer Tochter in der Wohnung.

Nun wollte ich sie treffen, um zu erfahren, wie die Behörde mit der jungen Mutter umgeht.

»Am offenen Mikrofon hast du am Montag kurz erwähnt, dass du ein Problem mit der ARGE hast. Möchtest du mir vielleicht mehr darüber erzählen?«

I: »Sehr gern. Bei meiner Kleinen sind von Geburt an mehrere Muskelpartien nicht ausgebildet. Davon sind bei ihr besonders die Beine betroffen, und uns war schnell klar, dass sie ohne Rollstuhl in ihrem Leben nicht bewegungsfähig ist. Im ersten Lebensjahr konnte ich ohne Probleme auf den sperrigen Rollstuhl verzichten. Doch nun ist sie zu groß und schwer, um sie ständig tragen zu können. Meine jetzige Wohnung ist allerdings nicht behindertengerecht. Es ist mir nicht möglich, mit der Kleinen ins Bad zu fahren, und auch der Zugang zur Küche ist zu eng.«

»Wie groß ist deine Bleibe?«

I: »Es geht mir weniger um die Größe. Die 50 Quadratmeter würden ja ausreichen, aber in dem Altbau sind die Türen einfach zu eng und das Bad zu klein.«

»Wäre ein Umbau möglich?«

I: »Möglich schon, doch die Wohnungsbaugesellschaft möchte die Kosten nicht übernehmen und scheut vor dem Bauschutt.«

»Und die Krankenkasse, wäre die nicht zuständig?«

I: »Die würde einen Teil übernehmen, doch die Gesellschaft stimmt dem Umbau nicht zu. So bleibt mir nur übrig, in eine behindertengerechte Wohnung umzuziehen.«

»Hast du bei der ARGE dafür einen Antrag gestellt?«

I: »Den ersten vor sechs Monaten, doch dieser wurde bereits nach vier Wochen abgelehnt. Dann stellte ich einen neuen, aber diesmal nicht mehr für eine behindertengerechte, sondern eine in der Größe mir zustehende Wohnung.«

»Wie viel Quadratmeter wären das?«

I: »Da wären laut Vorschrift 45 für mich und zusätzlich 15 Quadratmeter für mein Kind. Also 10 Quadratmeter mehr als in der bisherigen Wohnung.«

»Dann muss die ARGE doch dem Antrag zustimmen. Hast du das o. k. denn jetzt?«

I: »Nein, seit mehr als fünf Monaten lässt man mich im Regen stehen. Hätte ich doch nur geahnt, wie die Behörde mit Müttern umgeht, wäre ich niemals eine geworden. Vom ersten Tag an gibt mir mein Berater das Gefühl, ihm persönlich ausgeliefert zu sein. Von diesem Mann für meine Situation auch nur das geringste Verständnis zu erwarten ist doch sinnlos.«

Auf der kurzen Busfahrt zurück in die Innenstadt gehen mir die Erlebnisse von Michael und Ingrid nicht aus dem Kopf. Auf den ersten Blick erscheint es so, dass viele Fallmanager angehalten sind, auf Teufel komm raus Kosten zu sparen. Bei Michael berief man sich dabei auf die geltenden Vorschriften, bei Ingrid werden diese jedoch willkürlich nicht beachtet. Eine Behörde, die so mit den Bürgern umgeht, muss sich nicht wundern, dass oft nur noch privates Wachpersonal für deren Sicherheit sorgen kann.

Mittelschicht im freien Fall

Auch am Ende des zweiten Monats bleiben mehr Tage als Geld übrig und dann hat sich auch noch der Gerichtsvollzieher angemeldet. Aufgrund der engen finanziellen Situation konnte ich die Mobilfunkrechnung nicht begleichen. Der Anbieter hat, obwohl ich seit drei Jahren gut und pünktlich zahlender Kunde bin, sofort das Mahnverfahren eingeleitet. So bleiben mir noch 24 Stunden, um die ausstehenden 20,84 Euro zu begleichen.

Nach längerem Überlegen, wie ich das anstellen könnte, fällt mir der korpulente Besitzer des kleinen Internetladens ein. Ich packe mein Handy inklusive Ladegerät und mache mich auf den Weg zu ihm, bereit, eine wichtige Kontaktmöglichkeit zu Familie und Freunden aufzugeben.

In nur wenigen Minuten habe ich den unscheinbaren Laden erreicht. Der zufriedene Gesichtsausdruck des Inhabers und die bereits ungeduldig wartende Kundenschlange zeigen mir, dass gerade jetzt, da sich der Monat dem Ende neigt, sein Geschäft floriert.

Vor mir steht ein stattlicher Mann in auffallend teurer Kleidung. Er erscheint mir an diesem Ort wie ein Fremdkörper, und während ich geduldig anstehe, stelle ich mir die Frage, welche Dienstleistung er wohl in Anspruch nehmen wird.

Als er endlich an der Reihe ist, zieht der Mann aus der Tasche seines Markentrenchcoats zwei neuwertige Handys und legte sie auf die Vitrine. Mit gelassener Routine beäugt der Händler kurz die Ware und nennt seinen Preis. Bei den vorherigen Kunden löste dies, vergleichbar mit einem Basar, ein sofortiges Schachern um jeden Cent aus. Doch selbst zur Überraschung des Käufers akzeptiert der Herr das Angebot, nimmt das Geld und verlässt den Laden mit schamgerötetem Gesicht.

Daraufhin lege ich mein Mobilfunktelefon auf den Glaskasten und nach kurzer Begutachtung erhalte ich ein erstes Angebot in Höhe von 40 Euro. Im gegenseitigen Wechsel werfen wir mehrere Preise über die Theke und einigen uns letztendlich auf drei Euro mehr.

Auf dem Rückweg zu meiner Wohnung geht mir durch den Kopf, bei wem ich mich wohl in Zukunft alles rechtfertigen muss, wenn ich auf Anrufe nicht reagieren kann. Als ich an meinem Stammimbiss vorbeikomme, sehe ich den feinen Herrn aus dem Internetladen wieder. An einem der wackeligen Stehtische kämpft er mit dem Plastikbesteck gegen ein zähes Schnitzel. Ich lege einen Zwischenstopp ein, bestelle mir einen günstigen Kaffee und geselle mich zu ihm. In dem Moment, in dem auch er mich erkennt, läuft sein Gesicht erneut rot an, doch er grüßt nett und wir kommen ins Gespräch.

Der 46 Jahre alte Thomas S. ist Akademiker und war vor 18 Monaten noch als Netzwerkexperte bei einem Telekommunikationsunternehmen beschäftigt.

Doch nach zehn Jahren Betriebszugehörigkeit hatte man den Familienvater von heute auf morgen vor die Tür gesetzt. Unzählige Bewerbungsgespräche später wurde ihm klar, dass in der neuen Arbeitswelt für ihn kein Platz mehr frei ist.

Seit einigen Monaten beziehen er und seine Familie als sogenannte Bedarfsgemeinschaft Arbeitslosengeld II. Begeistert von der offenen Unterhaltung lädt er mich für den nächsten Tag ein. Ich bin gespannt zu erfahren, wie eine gut ausgebildete Familie aus dem Mittelstand mit den neuen Lebensbedingungen zurechtkommt.

Vorsicht Schuldenfalle!

Am nächsten Morgen sitze ich jedoch erst einmal bei einer Tasse Kaffee am Frühstückstisch und erwartete selbst Besuch – allerdings keinen erfreulichen. Mir ist mulmig, und als es keine zwei Minuten später an meiner Tür klingelt, bleibt mir nichts anderes übrig, als dem mit Aktenordnern bepackten Herrn Gerichtsvollzieher zu öffnen. Nachdem wir im Wohnzimmer Platz genommen haben, breitet er seine Unterlagen aus und geht sogleich strikt seinem Auftrag nach.

G: »Es geht um eine unerledigte Forderung und ich bin beauftragt, diese heute einzuziehen!«

»Um welchen Betrag handelt es sich?«

G: »Die Ursprungsforderung beläuft sich auf 20,84 Euro, hinzu kommen die Gerichtsgebühren und die Kosten für meine Tätigkeit. Insgesamt ergibt sich ein zu zahlender Betrag in Höhe von 56,70 Euro. Sind Sie in der Lage dies heute zu begleichen?«

»Puh, das ist mehr als das Doppelte. Mit einem solch hohen Betrag habe ich, ehrlich gesagt, nicht gerechnet. Tut mir leid, aber so viel Geld steht mir zur Zeit nicht zur Verfügung.«

G: »Was könnten Sie denn zahlen?«

»Wie gesagt, ich habe mit 20 Euro gerechnet und diese kann ich auch leisten. Mehr ist allerdings nicht möglich.«

G: »Oh, dann müssen wir dieses Formular ausfüllen, welches Ihre Zahlungsunfähigkeit dokumentiert.«

»Wegen der fehlenden paar Euro soll ich mich Ihnen vollkommen offenbaren? Welche Konsequenzen hätte das für mich?«

G: »Es fallen wieder zusätzliche Kosten an und die Angaben werden sofort an die Schufa weitergeleitet und in Ihren Unterlagen vermerkt. Erst wenn alles bezahlt ist, können Sie die Streichung beantragen.«

»Mich wundert, dass man mit Menschen, die nicht in der Lage sind, ihre Schulden zu begleichen, noch ein Geschäft macht. Oder wie können Sie sich erklären, dass der Betrag innerhalb weniger Wochen um mehr als das Doppelte angestiegen ist?«

G: »Sehen Sie, ich setze lediglich das um, was mir der Gesetzgeber vorschreibt, und in Ihrem Fall ist das nun mal der Offenbarungseid!«

So bin ich gezwungen, den Herrn durch meine kleine Wohnung zu führen und ihm mein Hab und Gut zu offenbaren. Er notiert die Seriennummern der Stereoanlage und des Fernsehgeräts und listet auch die Anzahl meiner CDs kleinlich genau auf. Selbst meine Provokation, ihm den nahezu leeren Kühlschrank zu präsentieren, quittiert er ohne sichtbare Anteilnahme. Nachdem der »Schnüffelhund« seinen Dienst erledigt hat, gebe ich ihm die 20 Euro und unterschreibe das Formular. Um einer Pfändung zu entgehen, biete ich eine monatliche Ratenzahlung an. Wo ich diesen zusätzlichen Betrag allerdings einsparen könnte, ist mir zu dem Zeitpunkt noch ein Rätsel. So stürze ich jeden Monat tiefer und tiefer in die Schuldenfalle.

Bildung schützt vor Armut nicht

Der Gelsenkirchener Stadtteil Bismarck verdankt seine Entstehungsgeschichte dem Bergbau und der Stahlindustrie. Das Gebiet, in dem rund 20 000 Menschen leben, ist stark durch die Krise der Montanindustrie geprägt und durch die hohe Arbeitslosigkeit ein sozialer Brennpunkt der Stadt.

Mein Weg führt mich vorbei an einer großen Industriebrache, welche durch die stufenweise Stilllegung des Bergwerkes entstand, in deren Folge rund 4000 Arbeitsplätze für immer verloren gingen. Die Natur hat sich einen Teil des riesigen Areals bereits zurückerobert. Aus den zerschlagenen Fensterscheiben der riesigen Hallen ragen die sattgrünen Äste eines Laubbaumes. Lediglich die grau-schwarze Patina an den Fassaden der durch die Gründerzeit geprägten Wohnhäuser ist ein letztes Merkmal des ehemals monoindustriell geprägten Stadtteils.

In einem Wohnblock ganz in der Nähe des stillgelegten Bergwerkes lebt seit kurzer Zeit Thomas S. mit seiner Familie.

Gemeinsam mit seiner kleinen, zierlichen Ehefrau empfängt er mich sehr herzlich, und als ich über die Türschwelle trete, tauche ich ein in den Duft von frisch gebackenem Kuchen, der bis in den Flur strömt. Herrlich. Eine Wohltat für die Seele. In der 4-Zimmer-Wohnung könnte man problemlos vom Boden essen, so blinkt es hier. Der ovale, massive Nussbaumtisch mit den dazugehörigen Echtholzstühlen ist für fünf Leute gedeckt. Neben der antiken, wuchtigen Vitrine mit Glastüren hängen die üblichen Familienbilder vergangener Tage. Sie spiegeln Glücksmomente wider, wie die der gemeinsamen Luxuskreuzfahrt oder der Kommunionsfeier der 12-jährigen Ines. Auf einem der Bilder ist der 15-jährige Sohn Sven vor dem Vereinslokal eines Tennisvereins zu sehen, darunter einige kleine Pokale und Urkunden. Doch diese fotografischen Dokumente einer Familie des gehobenen Mittelstands gehören ebenso wie die Zeche der Vergangenheit an.

Nachdem Thomas vor mehr als 18 Monaten seine sicher geglaubte Existenz verlor, änderte sich das Leben der Familie grundlegend. Bis zu diesem Zeitpunkt lebte sie in einem gemieteten Einfamilienhaus mit Vorgarten am Rande der Stadt.

Die Tochter ging begeistert ihrem Traum nach, einmal

Springreiterin zu werden, und der Sohn spielte erfolgreich in der Jugendmannschaft des Tennisvereins. Außerdem gehörten die intelligenten Kinder konstant zu den besten Schülern ihres Jahrgangs.

In den ersten zwölf Monaten nach seiner Entlassung erhielt Thomas Arbeitslosengeld I und mit den 67 Prozent vom letzten Lohn blieben der Familie immerhin noch 2200 Euro monatlich. Mit einigen Einschränkungen war es möglich, den gewohnten Lebensstandard aufrechtzuerhalten. Nachdem Thomas trotz vieler Bewerbungen und einem Betriebspraktikum dennoch keine neue Festanstellung fand, musste die Familie Hartz IV beantragen und somit von einem Tag auf den anderen mit monatlich 1105 Euro auskommen. Doch allein die Miete des Einfamilienhauses verschlang 900 Euro im Monat und ein Umzug nach Bismarck wurde unausweichlich.

Hartz IV Mehrbedarfe (§21 / §28 SGB II)

1. Schwangere ab Beginn der 13.Woche (17%):   59,– €
2. Allein Erziehende 1 Kind unter 7 oder
   2–3 unter 16 (36%)   124,– €
3. Allein Erziehende mehr als 3 Kinder
   (pro Kind 12% = 41 €; max. 60%)   max. 205,– €
4. Schwerbehinderung mit Merkzeichen »G«/»aG«
   (außerg.) gehbehindert – 17%)   59,– €
5. Erwerbsfähige Behinderte mit Leistungen zur
   Teilhabe/Eingliederung (35%)   121,– €
6. Krankheitsbedingte Zusatzkost (zunehmend restriktiv):
   je nach Krankheit   25,56 bis 61,– €

Quelle. www.gegen-hartzviregelleistung.php

Seine blonde, schmale Frau schneidet gerade den frischen Zupfkuchen an, als sich auch Thomas zu uns gesellt und mit an Wut grenzender Verzweiflung einen dicken Ordner vor mir auf den Tisch legt.

T: »Du musst dir unbedingt die letzten Bescheide der ARGE anschauen. Also ich blick da nicht durch, für wen ich jetzt was bekomme.«

Im gleichen Moment öffnet er den Ordner und legt mir einen Bescheid vor.

»Tatsächlich, das ist ja ein undurchschaubarer Zahlendschungel! Die Auszahlungsbeträge ändern sich von Monat zu Monat und im letzten gab es erheblich weniger. Warum?«

T: »Weil ich mir doch tatsächlich erlaubt habe, krank zu sein.«

»Wie bitte? Das wird doch jeder einmal und dafür gibt es Abzüge?«

T: »So naiv dachte ich vorher auch und ließ mich wegen einer schweren Angina sieben Tage krankschreiben. Die Quittung hierfür erhielt ich noch im gleichen Monat mit einer Kürzung der Bezüge um 25 Prozent.«

»Mit welcher Begründung?«

T: »Vielleicht erinnerst du dich noch an eine Stelle im Antragsformular. Hier musst du ankreuzen, dass du dem Arbeitsmarkt uneingeschränkt zur Verfügung stehst. In den sieben Tagen meiner Krankheit konnte ich das nicht gewährleisten. Somit hat man den monatlichen Betrag um genau diese Tage gekürzt.«

»Hätte man denn für dich in dieser Zeit überhaupt eine Arbeit gehabt?«

T: »Ganz bestimmt nicht, aber darauf kommt es auch nicht an. Einzig und allein die Verfügbarkeit ist das Kriterium und gegen dieses hatte ich verstoßen.«

»Unglaublich. Das muss man sich einmal vorstellen: Da erkämpften mutige Gewerkschafter, teilweise unter Einsatz des eigenen Lebens, eine Lohnfortzahlung im Krankheitsfall und der Staat gesteht einem dieses Recht nicht zu.«

T: »Ich musste in den letzten Monaten das ein oder andere Mal tief schlucken. Das Ganze fing mit der Diskussion über den Hartz-IV-Antrag an. Es ist doch höchst ungerecht, dass ein gutverdienender Mensch über zehn Jahre den Höchstbetrag in die Arbeitslosenversicherung einzahlt und lediglich zwölf Monate ausgezahlt bekommt. Wenn die abgelaufen sind, ist es vollkommen egal, ob du überhaupt jemals einen Beitrag geleistet hast oder nicht – alle bekommen den gleichen Betrag und finden sich ganz schnell am unteren Ende der Gesellschaft wieder.«

»Hättest du dir dies vor zwei Jahren so vorstellen können?«

T: »Wie denn? Mit solchen Problemen musste ich mich in meinem vorherigen Leben niemals auseinandersetzen. Ich bin in einer gutsituierten Familie mit Eigenheim aufgewachsen und kann mich an finanzielle Probleme nicht erinnern. Meine Eltern zahlten mir auch noch das Studium und danach konnte ich immer gutes Geld verdienen. Das Ganze kommt mir im Nachhinein vor, als hätte ich in einer goldenen Blase gelebt, welche über den sozialen Problemen der Gesellschaft schwebte. Nachdem ich dann meinen Job verlor, platzte diese und seitdem befinde ich mich im freien Fall!«

Geschenk ist geschenkt …

Das Nesthäkchen der Familie hat während des gemeinsamen Essens kaum ein Wort verloren und zieht sich nun wieder in seine eigene kleine Welt zurück.

Die in einem zarten Rosa gestrichenen Wände hängen voll mit unzähligen Postern, auf denen die verschiedensten Pferdemotive abgebildet sind. Über dem Schreibtisch ein kleines furniertes Regal, auf dem ein vergoldeter Pokal seinen Platz hat. Darüber ein übergroßes Bild, auf dem Ines mit einem Shetlandpony zu sehen ist. Die Reitstiefel in der Ecke haben schon leicht Staub angesetzt und im überschaubaren Bücherregal steht die nahezu komplette Sammlung von Enid Blytons *Hanni und Nanni*. Die Pferdeabenteuer der frechen Zwillinge wurden bereits in meiner Jugend von den lesehungrigen Mädchen verschlungen.

»Hast du die alle gelesen?«, frage ich im Türrahmen.

Die auf den Computermonitor konzentrierte kleine Prinzessin zuckt angesichts meiner Anwesenheit erschrocken zusammen.

I: »Schon mehrmals. Momentan sind die Geschichten jedoch uninteressant für mich.«

»Warum das denn?«

I: »Weil wir uns das Reiten nicht mehr leisten können!«

» Bist du denn gerne geritten?«

I: »Oh, ja. Ich war fast jeden Tag auf dem Reiterhof. Der war ganz in der Nähe von unserem Haus.«

»Hast du auch Unterricht bekommen?«

I: »Ich habe bereits mit sechs Jahren mit der klassischen Ausbildung angefangen. Danach begeisterte mich nur noch das Springreiten.«

» Oh, da gehört viel Mut dazu. Hattest du keine Angst vor den hohen Hindernissen?«

I: »Ha, wir fangen doch mit kleinen Höhen an, da musst du wirklich keine Angst haben.«

»Wann hast du das letzte Mal auf dem Rücken eines Pferdes gesessen?«

I: »Das war kurz nach meiner Kommunionsfeier im Frühjahr. Eigentlich sollte ich von Oma und Opa eine Woche Reiterferien geschenkt bekommen, doch da ist irgendwas mit dem Geld schiefgelaufen.«

»Möchtest du mir erzählen, was passiert ist?«

I: »Ja, aber so richtig habe ich das auch nicht verstanden.

Ich weiß nur, dass mein Opa mir das Geld auf das Konto von Papa überwiesen hat, damit der den Reiterhof bezahlen kann. Nach ein paar Wochen kam dann Papa wieder einmal ziemlich niedergeschlagen vom Amt zurück und hatte für mich eine traurige Nachricht. Aus irgendwelchen Gründen wurde das Geld einbehalten. Warum, das fragst du besser den Papa.«

Der Fallmanager der Familie bemerkte bei der üblichen Überprüfung der Kontoauszüge den Betrag von 300 Euro. Nachdem Thomas ihm mitteilte, dass es sich dabei um ein Geschenk der Großeltern für die Tochter handelte, zückte dieser eine Vorschrift aus dem Schreibtisch: Alle Geschenke der Bedarfsgemeinschaft sind als Einnahme zu bewerten und bei einem Betrag über 50 Euro im darauffolgenden Monat von den Bezügen abzuziehen. Somit erließ er einen Kürzungsbescheid und zahlte der Familie 300 Euro weniger aus.

Mir gehen die mehr als 2,6 Millionen Minderjährigen durch den Kopf, die in Familien auf Sozialhilfeniveau leben. Wer diese Vorschrift für den Umgang mit Geschenken erlassen hat, sollte sich darüber im Klaren sein, dass die Kinder damit selbst der kleinsten Freude im Leben beraubt werden. Meine kürzlich verstorbene Großmutter gebrauchte hierfür den Satz »Geschenkt ist geschenkt und wiederholen ist gestohlen!«

Keine Gegenwart mehr

Im Gegensatz zur noch halbwegs heilen kleinen Welt der jüngeren Schwester macht der 15-jährige Bruder seinen Protest deutlich und nach außen hin sichtbar. Der mit Haarspray und Gel in Form gebrachte schwarzrotblonde Irokesenschnitt beeindruckt mich schon. Die unzählbaren, an Ohren, Oberlippe, Nase und Wimpern eingesteckten Piercings würden bei jedem Metalldetektor schon durch bloße Annäherung die

Alarmsirene auslösen. Svens rot gefärbte Jeans wird wahrscheinlich nur noch durch die Löcher und die darunter getragene alte Jogginghose zusammengehalten. Ein Poster der legendären Sex Pistols fehlt ebenfalls nicht. Es zeigt deren Frontmann Sid Vicious, der ein T-Shirt mit dem Aufdruck »No Future« trägt – dem Motto, das die Punkszene bis heute prägt. Unter dem Plakat dient eine alte Matratze ohne Gestell und Lattenrost als Bett. Lediglich ein altes, sonnengebleichtes Bild, auf dem der 17-jährige, erdbeerblonde Boris Becker in jubelnder Pose nach seinem ersten Wimbledonsieg zu sehen ist, weist noch auf die Vergangenheit des talentierten Nachwuchsspielers Sven hin.

»Spielst du noch Tennis?«

S: »Das war in meinem anderen Leben.«

»Wie soll ich das verstehen?«

S: »Ist doch ganz easy: In eurer Gesellschaft zählt nur derjenige, der auch das nötige Kleingeld besitzt. Hast du nichts, bist du nichts. Abgedrängt und ausgeschlossen.«

»Und du fühlst dich ausgeschlossen?«

S: »Das Ganze hat wohl mehr mit der Realität und weniger mit Emotionen zu tun. Mach die Augen auf, dann siehst du doch, was mit mir und meiner Familie passiert. Die ersten Probleme fingen in der alten Schule doch schon an.«

»Inwiefern kam es da zu Problemen?«

S: »Wir hatten den ganzen Tag Unterricht und für das Mittagessen mussten wir täglich 2,50 Euro zahlen. Das Geld wurde einmal monatlich von der Klassenlehrerin eingesammelt. Du kannst dir sicher vorstellen, dass es nicht gerade cool ist, wenn dein Name vor der ganzen Klasse aufgerufen wird und du kleinlaut zugeben musst, kein Geld zu haben.«

»Oh ja, nicht besonders feinfühlig von der Lehrerin. Welche Konsequenzen hatte das für dich?«

S: »Kurz vor der Zeugnisvergabe erhielten meine Eltern einen Brief, in dem sie aufgefordert wurden, den offenen Betrag zu begleichen. Sollten sie dieser Aufforderung nicht nachkommen, drohte man damit, mir kein Zeugnis auszustellen. Das musst du erst mal checken!«

»Und wie ist die Sache ausgegangen?«

S: »Wir haben unsere letzte Kohle zusammengekratzt und den Rest hat meine Patentante hinzugegeben. Doch auch das half nur, eines der Löcher zu stopfen. Bereits in den Schulferien trieben die Kosten für die neuen Schulbücher meinen Eltern tiefe Sorgenfalten ins Gesicht.«

»In meiner Schulzeit bekamen die Kinder aus sozial schwachen Familien die Bücher noch umsonst. Ist das heute nicht mehr so?«

S: »In meiner Schule auf jeden Fall nicht!«

»Auf der einen Seite spricht man nach den Ergebnissen der Pisa-Studie von einer Bildungsoffensive und auf der anderen Seite schafft man die Lehrmittelfreiheit ab. Wie motivierst du dich denn noch für die Schule?«

S: »Seit Beginn der Arbeitslosigkeit ist unser Familienleben nur noch von Geldsorgen geprägt. Also schwänzte ich, um das Essengeld zu sparen. Damit wollte ich meinen Eltern eigentlich eine Sorge ersparen und ihnen eine Last abnehmen, doch das Gegenteil war der Fall: Besonders mein Vater war sauer und sah dadurch meine Zukunft gefährdet.«

»Und wie siehst du das?«

S: »Ich habe das Vertrauen in euer unmenschliches System verloren. Was sollte mir ein guter Schulabschluss schon bringen? Ich muss dabei doch nur in meine eigene Familie blicken. Mein Vater war immer einer der besten Schüler, hat sogar studiert und was hat ihm das Ganze gebracht? – Gar nichts!«

»Also, lebst du ganz nach dem Motto deiner jetzigen Vorbilder mit NO FUTURE?«

S: »Nach unserem Umzug habe ich den Kontakt zu nahezu allen meinen Freunden verloren. Und für mein Hobby blieb kein Geld mehr übrig. Mein jetziges Leben ist also in keinster

Weise vergleichbar mit dem vorherigen. Konsequenterweise muss ich also noch einen Schritt weiter gehen und feststellen, dass ich nicht einmal mehr eine Gegenwart habe!«

Wo schlägt ein Herz für Kinder?

Die am 1. Januar 2005 unter dem Begriff Hartz IV in Kraft getretenen Sozialreformen führen offensichtlich zum schnellen Zusammenbruch der sogenannten Mittelschicht. Nach einer Studie aus dem Jahr 2007 des Deutschen Instituts für Wirtschaftsforschung rutschten seitdem, also innerhalb von drei Jahren, mehr als fünf Millionen Menschen aus einer weitgehend gesicherten Existenz direkt in die Armut. Unter anderem diese Entwicklung lässt unsere Gesellschaft zunehmend auseinanderdriften und zerfallen.

Im Sog des Abstiegs der Erwachsenen befinden sich deren Kinder, wie ich es auch an jenem Nachmittag bei Familie S. erlebt habe. Die intensiven Gespräche mit Ines und Sven lassen mich nicht mehr los und rauben mir den Schlaf. Diese und viele weitere Begegnungen mit Betroffenen rühren an meiner tief sitzenden Angst, selbst Vater zu werden. Bereits seit dem 30. Lebensjahr kämpft mein natürlicher Fortpflanzungstrieb gegen die Vernunft. Die Sorge, an der Verantwortung zu zerbrechen, in einer unsicheren Welt dem eigenen Nachwuchs keine Zukunft bieten zu können, gewinnt immer wieder die Oberhand über den sehnlichen Wunsch nach einer eigenen Familie.

Es ist eine – inzwischen allgemein anerkannte – Tatsache, dass armen Kinder erfolgreiche Bildungswege und sozialer Aufstieg häufig verschlossen bleiben. Bundesweite Untersuchungen von 2006 zeigten, dass mehr als jedes dritte Kind, das arm ist, in der Grundschule sitzen bleibt. Und das vor allem, weil zum Beispiel die einmaligen Zuwendungen für Schulbedarf gestrichen werden oder finanziell schwache Eltern keine Nachhilfestunden, Musikunterricht oder private Bücher bezahlen können. Es liegt also nicht an der Intelligenz oder den Begabungen der Kinder. Und Eltern, die das Geld vom Staat versaufen oder in der Videothek lassen, sind – meines Wissens – eher eine Minderheit. Doch genau diese werden grell und medienwirksam in Szene gesetzt und somit in den Mittelpunkt der Diskussion gerückt, wenn wieder einmal Argumente für Sparmaßnahmen gesucht werden. Es ist kaum nachvollziehbar, wie in unserem Land auf diese Weise Potenziale blockiert werden und spätere Fachkräfte verloren gehen, die wir schon heute dringend brauchen. Von den Chancen für die Einzelnen, glücklich zu werden und aus ihren Leben entsprechend ihren Talenten und Fähigkeiten etwas zu machen, ganz zu schweigen.

Die Zahl armer Kinder hat in unserem Land im Jahr 2007 mit mehr als 2,6 Millionen Betroffenen einen neuen Höchststand erreicht, und wir sind dabei, diese auch zu zukünftigen Leistungsempfängern zu erziehen. Abgesehen von dem finanziellen Kraftakt, den dies für die öffentlichen Kassen – also Steuer- und Beitragszahler – bedeuten würde: Wenn diese Entwicklung so weitergeht, bekommen wir es in wenigen Jahren mit gesellschaftlichen Problemen zu tun, gegen die uns die heutigen fast lächerlich erscheinen werden. Das, was heute kurzsichtig und an den falschen Stellen eingespart wird, leihen wir uns nur von der Zukunft. Und wir werden es sehr bald mit Zinseszins zurückzahlen müssen.

Vor diesem Hintergrund wäre es daher interessant zu erfahren, wohin das heute abgezogene Geld umgeschichtet wird beziehungsweise wo es – angeblich sinnvoller – eingesetzt werden soll.

Mein Hartz-IV-Selbstversuch zeigt mir bereits in den ersten Monaten, dass die dürftige Hilfe vom Staat allein zum Überleben nicht mehr ausreicht. Und das kann man wörtlich nehmen: Wir müssen uns in unserem reichen Land wieder mit einem Problem auseinandersetzen, welches jahrzehntelang bereits als überwunden galt und das ich nur aus den Erzählungen meiner Großmütter kenne – dem Hunger aus Armut.

Ohne die zusätzlichen Einnahmen aus dem Handyverkauf und dem regelmäßig gewordenen Sammeln von Pfandflaschen wäre ich spätestens in der vierten Woche eines jeden Monats auf die von den Kirchen und Wohlfahrtsverbänden angebotenen Armenspeisungen angewiesen. Doch ich kann es mit meinem Gewissen nicht vereinbaren, eine Tafel in Anspruch zu nehmen. Zu viele Menschen, für die der tägliche Kampf ums Überleben kein freiwilliges, zeitlich begrenztes Experiment ist, brauchen diese Nahrungsmittel inzwischen dringend. Die Tafeln schießen in ganz Deutschland wie Pilze aus dem Boden und die – aufgrund des Andrangs – überforderten ehrenamtlichen Helfer schlagen längst Alarm. Selbst abseits der Großstädte, wie zum Beispiel in meiner ländlichen Heimatstadt Cochem, öffnete im November 2007 eine solche Einrichtung. Seither musste ich mit Schrecken feststellen, dass hier über 700 Menschen auf die Tafel angewiesen sind.

Besonders bei Kindern führt die sich epidemisch ausbreitende Armut zu Mangelernährung. Die hieraus folgenden gesundheitlichen Probleme verkürzen das Leben eines armen Kindes um 13 Lebensjahre gegenüber einem Sprössling aus einer wohlhabenderen Familie.

Die Landesregierung von Mecklenburg-Vorpommern hat angesichts dieser Situation als eine der ersten übrigens nicht länger nur geredet, sondern inzwischen auch gehandelt: Kindern von einkommensschwachen Eltern werden ab September 2008 mehrere Millionen Euro für kostenfreie Mittagessen in Kitas und bei Tagesmüttern zur Verfügung gestellt. Daraus folgen neben der rein kulinarischen Versorgung zwei weitere positive Effekte: Die Kleinen können nun ganztags betreut werden, miteinander spielen und lernen und müssen nicht von den Eltern bereits mittags wieder abgeholt werden, nur weil diese kein Geld für das Essen haben. Sie sind also in der Einübung sozialer Kompetenzen gegenüber reicheren Gleichaltrigen nicht länger benachteiligt. Diese Ganztagsbetreuung unterstützt zudem ganz konkret eine bessere Vereinbarkeit von Beruf und Familie, was insbesondere Alleinerziehenden zugute kommen dürfte. Bleibt also »nur« noch das Problem zu lösen, dass auch Kinder von Hartz-IV-Empfängern einen gesetzlichen Anspruch auf Plätze in den entsprechenden Betreuungseinrichtungen erhalten.

Insgesamt betrachtet muss ich jedoch erschüttert feststellen, dass in weiten Teilen unserer Gesellschaft offenbar kein Herz mehr für die Kinder schlägt!

»Unser System produziert Gewinner und Verlierer«

Der Düsseldorfer Ökonomieprofessor Gustav Horn über Ursachen und Folgen einer gespaltenen Gesellschaft im Gespräch mit der Journalistin Beate Schierle, *Südkurier* vom 12. 6. 2008:
Die Einkommensunterschiede in Deutschland wachsen – und damit auch die Gefahr einer Spaltung der Gesellschaft. Wir sprachen mit Gustav Horn, dem Leiter des Düsseldorfer Instituts für Makroökonomie und Konjunkturforschung.

Herr Horn, die Schichten in Deutschland verfestigen sich immer mehr. Es droht eine Spaltung der Gesellschaft – davor warnen Sie und weitere Wissenschaftler. Woran machen Sie Ihre Warnung fest?
Wir sehen in den Zahlen, dass der Wechsel von unteren Einkommen in eine höhere Einkommensgruppe immer schwieriger wird. Wenn man einmal in einem niedrigen Einkommensbereich ist, ist die Wahrscheinlichkeit sehr hoch, dass man dort auch bleibt. Das gilt sogar für Generationen. Das heißt, es ist auch schwierig für Kinder von Eltern, die wenig Einkommen haben, in eine höhere Einkommensklasse zu springen.

Unsere Gesellschaft weist nicht nur große Einkommensunterschiede auf, sondern diese Unterschiede verfestigen sich auch. Das meine ich mit Spaltung.

Zeigt sich die Spaltung nur an der Finanzlage der Menschen?
Nicht nur. Es gibt auch Menschen mit niedrigem Einkommen, die nicht ausgegliedert sind und auch am kulturellen Leben teilhaben. Die haben eine bessere Aufstiegschance als Menschen, die völlig abgehängt sind und sich auch kulturell nicht mehr am gesellschaftlichen Leben beteiligen. Es gibt nicht nur eine einkommensmäßige Verarmung, sondern auch eine kulturelle Verarmung. Und das ist dann sozusagen der Bodensatz unserer Gesellschaft, an den man nur schwer herankommt, um ihn zu integrieren·

Worin liegen die Ursachen dieser Entwicklung?
Wir werden in Deutschland mit unserer heterogenen Gesellschaft, die auch durch Zuwanderung entstanden ist, sehr viel schlechter fertig als andere Länder. Unser Schulsystem hat bedeutsame Schwächen darin, Menschen, die aus anderen Kulturkreisen kommen, zu integrieren. Das hat ja schon die Pisa-Studie gezeigt. Hier tritt eine grobe Vernachlässigung von Bevölkerungsschichten auf, die sich dann auch im sozialen Abstieg zeigt. Das gilt aber auch im Hinblick auf Männer und Frauen. Deutschland ist ein Land, in dem Frauen im internationalen Vergleich relativ geringe Aufstiegschancen haben. Wir integrieren offenbar auch Frauen nicht gut in unser Erwerbssystem. Das mag an den Betreuungsmöglichkeiten für Kinder liegen, die relativ schlecht sind – das sind eben alles Gründe, die eine Gesellschaft spalten.

Sind wir auf dem Weg in eine Gesellschaft mit festen Klassen wie etwa in England?
Ja, das ist leider so – wenn auch nicht in der gleichen Ausprägung. Diese noch eher feudalistischen Strukturen haben wir sicherlich nicht. Aber wir haben tatsächlich eine Spaltung der Gesellschaft entlang der

finanziellen und kulturellen Grenzen, die sich zunehmend verhärtet. Die Durchlässigkeit ist sicher nicht größer geworden.

Welche gesellschaftlichen Folgen hat es, wenn ein Teil der Menschen sich abkoppelt?
Es gibt eine ganze Menge Leute, die in der Hauptschule landen und sagen: Ich habe ja ohnehin keine Chance, also brauche ich mich ja gar nicht mehr zu bemühen. Das ist eine Folge dieser sozialen Verfestigung, aber es verstärkt den ganzen Prozess auch.
In der Schulpolitik hat man die Durchlässigkeit des Systems zum Teil noch verringert, etwa wenn man Gesamtschulen die gymnasiale Oberstufe wegnimmt. Damit zerstört man Hoffnungen und Übergangsmöglichkeiten. Das sind kardinale Fehler, die teilweise aus Ersparnisgründen gemacht wurden. Unsere Bildungspolitik ist sehr stark auf Selektion gegangen. Unser System produziert Gewinner und Verlierer. Das bringt auch Gefahren. Wenn eine große Gruppe nicht mehr integriert ist, stellt sie sich außerhalb der Gesellschaft, was auch zu mehr Kriminalität führen kann. Warum sollte sie die Normen dieser Gesellschaft noch akzeptieren?

Was kann die Politik tun?
Unsere Schwäche im Bildungssystem ist nicht nur, aber auch eine Frage mangelnder Ressourcen. Allein wenn man heute schon durch Schulen geht und sieht, wie sie aussehen – das ist erbarmungswürdig und einem Land, das von dem Wissen seiner Bürger lebt, nicht zuträglich. Es geht konkret um mehr Mittel. Wenn wir dafür mehr Steuern zahlen müssen, dann sei es eben so. Das ist jeden Euro wert, den man dort hineinsteckt.
Deutschland ist ein Globalisierungsgewinner. Doch die Früchte, die wir auf dem Weltmarkt ernten, verteilen wir ungerecht. Die Menschen müssen daran stärker beteiligt werden. Das hat mit der Lohnbildung zu tun. Eine Stärkung der Gewerkschaften wäre unbedingt vonnöten, besonders dort, wo sie schwach sind, vor allem im Osten. Man muss

den Leuten deutlich machen, wie wichtig die Gewerkschaften für die Organisation ihrer Interessen sind.

Dieser Prozess des Zerfallens in Einzelgewerkschaften ist sehr gefährlich. Wenn sich am Ende nur noch Gruppen, die an Schaltstellen sitzen, höhere Einkommen sichern können, ist das der falsche Weg.

Bisher waren die meisten Deutschen der Ansicht, durch Arbeit etwas erreichen zu können. Trägt diese Überzeugung noch?

Im Grundsatz ja, aber sie wird schwächer. Denn das Risiko, sich trotz guter Arbeit mit niedrigem Einkommen begnügen zu müssen, ist gestiegen; wie auch das Risiko, bei längerer Arbeitslosigkeit arm zu werden.

Quelle:

http://www.suedkurier.de/nachrichten/seite3/art1798,3254450,0

Willkommen im Haifischbecken
Leiharbeit

Seit 1972 gibt es das deutsche Arbeitnehmerüberlassungsgesetz. Es ermöglicht sogenannten Leih- oder Zeitarbeitsfirmen, ihre Angestellten an verschiedene Unternehmen gewerbsmäßig zu verleihen und somit als Vermittler einen Anteil des Arbeitslohns als Provision einzubehalten. Sie entstanden nach dem Vorbild der ersten Leiharbeitsfirmen, die Anfang der 50er Jahre in den USA gegründet wurden. Allerdings entwickelte man in Deutschland zusätzlich einen sozialen Schutz, um Leiharbeiter vor Ausbeutung zu bewahren.

Leiharbeit wird vorrangig als Instrument für mehr Flexibilität am Arbeitsmarkt angesehen. Als die Arbeitnehmerüberlassung in den 70er Jahren erlaubt wurde, geschah dies unter dem Blickwinkel wirtschaftlicher Betätigungsfreiheit des Verleihers und war erzwungen durch eine Entscheidung des Bundesverfassungsgerichts aus dem Jahr 1972. Aus arbeitsmarktlicher und arbeitsrechtlicher Sicht wurde Leiharbeit damals jedoch vielfach als prekäres Beschäftigungsverhältnis abgelehnt.

Die erfolgreiche Lobbyarbeit von privaten Verleihern führte jedoch in den letzten Jahren immer wieder zur Lockerung der gesetzlichen Regelung von 1972. So wurde die zulässige Überlassungsdauer 1985 von drei auf sechs, im Jahr 1994 auf neun und 1997 schließlich auf zwölf Monate verlängert. Damit einhergehend wurde der arbeitsrechtliche Schutz der Beschäftigten in den folgenden Jahren nach und nach komplett aufgehoben.

Seitdem erfreut sich die Branche eines starken Wachstums.

Auf mehr als acht Milliarden Euro – immerhin ein Plus von 16 Prozent – ist der Umsatz seit der Reform gestiegen. Für die folgenden Jahre rechnet die Branche mit weiteren Zuwächsen im zweistelligen Prozentbereich. So gab es 2007 mit über 550 000 Leiharbeitern fast viermal mehr von diesen Beschäftigungsverhältnissen als noch zehn Jahre davor.

Vom Mehrbedarf profitieren vor allem die großen Leiharbeitskonzerne, die sich in den letzten Jahren durch Aufkäufe mehrerer Konkurrenzunternehmen vielfach kartellähnliche Verhältnisse schufen. Der politische und ideologische Wegbereiter dieser Entwicklung war und ist Superminister a. D. Wolfgang Clement.

Er sprach sich deutlich für den Ausbau der Leiharbeit aus und ebnete damit den privaten Verleihern den Weg zur maximalen Ausbeutung der Beschäftigten.

Der Schluss liegt nahe, dass Herr Clement dabei nicht ganz uneigennützig gehandelt hat, denn bereits kurz nach seiner politischen Karriere verkündete er:

»Ich möchte mit dem Adecco-Institut dazu beitragen, dass die Leiharbeit in Deutschland europäisches Niveau erreicht.« Die Nachfrage eines Journalisten, ob er hiermit die bessere soziale Ausgestaltung meine, verneinte der Sozialdemokrat entschieden. Das von ihm geleitete Institut mit Sitz in London wird übrigens vom größten Global Player der Leiharbeitsbranche, Adecco, vollständig finanziert.

Neues Leitbild der Arbeitnehmerüberlassung

Der Gesetzgeber hat die Vorschläge der Kommission für moderne Dienstleistungen am Arbeitsmarkt, in der Wolfgang Clement eine führende Rolle einnahm, schließlich aufgegriffen und mit dem Ersten Gesetz für moderne Dienstleistungen am Arbeitsmarkt vom 23. Dezember 2002 (BGBl. I S. 4607), das am 1. Januar 2003 in Kraft getreten ist, ein neues Leitbild

der Arbeitnehmerüberlassung geschaffen. Unter der Maßgabe, dass die Arbeitsbedingungen der Leiharbeitnehmer
denen vergleichbarer Stammarbeitnehmer der Entleiher
entsprechen oder in einen tariflichen Rahmen eingebunden
sind, konnten bisherige spezifische, im Arbeitnehmerüberlassungsgesetz von 1972 vorgesehene Beschränkungen ent-
fallen.

Heute steht Arbeitnehmerüberlassung, angeregt nicht nur durch die
Vorschläge der Kommission für moderne Dienstleistungen am Arbeitsmarkt, sondern auch durch die europäische Beschäftigungsstrategie
und die Feststellungen der Task Force Beschäftigung unter der Leitung
von Wim Kok, unter einem neuen Leitbild. Die Bundesregierung ist
überzeugt, dass Leiharbeit nicht nur zur Wettbewerbsfähigkeit der Unternehmen beiträgt, weil sie ihnen ermöglicht, flexibel und schnell auf
schwankende Auftragslagen und einen damit verbundenen steigenden Arbeitskräftebedarf zu reagieren, sondern dass Leiharbeit im Rahmen sozial abgesicherter Beschäftigungsverhältnisse auch Arbeitslosen eine Chance zum Wiedereinstieg in den Arbeitsmarkt eröffnet und
geeignet ist, neue Arbeitsplätze zu schaffen. Rund zwei Drittel aller
Leiharbeitnehmer waren vor der erstmaligen Begründung eines Leih-
arbeitsverhältnisses arbeitslos.

Quelle: Zehnter Bericht der Bundesregierung zur Leiharbeit

Nahezu jeder der Arbeitslosen und Arbeitssuchenden, die
ich bis hierhin getroffen habe, hatten bereits Erfahrungen in
der Leiharbeit gesammelt. Aus tiefstem Interesse, wie sich
dieser Abbau von sozialen Gesetzen in der Realität auf den
einzelnen Menschen auswirkt, nutze nun auch ich diesen
Weg, um aus der Arbeitslosigkeit zu gelangen.

Die Theorie

Bei meinem Vorhaben kommt mir eine Kampagne der ARGE entgegen, in der verstärkt für die Leiharbeit geworben wird:

Als Leiharbeitnehmer haben Sie hinsichtlich Arbeitsbedingungen, Entlohnung, Lohnfortzahlung im Krankheitsfall, Urlaubsanspruch usw. die gleichen Rechte wie jeder andere Arbeitnehmer. Mit einem Unterschied: Sie arbeiten nicht in ›Ihrem‹ Unternehmen, sondern Ihr Arbeitgeber (Verleiher) stellt Ihre Arbeitskraft einem Dritten (Entleiher) zur Verfügung. Grundlage hierfür bildet ein Überlassungsvertrag zwischen beiden Firmen.

Wenn Ihnen der Einsatz bei verschiedenen Arbeitgebern und Branchen gefällt, können Sie die Zeitarbeit zu Ihrem Dauerjob machen. Zeitarbeit ist dabei nicht nur für ungelernte Arbeitnehmer interessant: Zunehmend nutzt qualifiziertes Personal diese neue Form der Beschäftigung. Arbeitslosen, Wiedereinsteigern, Berufsanfängern und Studenten bietet Zeitarbeit die Chance, sich in die Arbeitswelt zu integrieren.

Quelle: Broschüre *Neue Perspektive Leiharbeit* der ARGE

Der Praxistest

Einmal im Monat lädt das Arbeitsamt zu einem Bewerbertag ins Berufsinformationscenter. Wie bei einer Messe sind hier die verschiedenen Leiharbeitsfirmen mit Informationsständen präsent. Normalerweise nehmen hier unzählige Menschen auf der Suche nach Arbeit die kostenlose Möglichkeit wahr, einen Computer zu benutzen. Doch heute sind die Räume nahezu gespenstig leer. Das wundert mich bei einer offiziellen Arbeitslosenzahl von 20 Prozent doch sehr. Offensichtlich sind wohl nicht sehr viele bereit, in die Leiharbeit einzusteigen. Die Hoffnung, in der Bewerbermasse unterzugehen und unauffällig mit ihr zu schwimmen, kann ich aufgeben.

Dafür ziehe ich als einer der wenigen Besucher das Interesse der in feinsten Zwirn gekleideten Berater förmlich an. Vom Branchenprimus Adecco bis zu Randstad ist hier nahezu alles vertreten, was der freie Markt an Verleihfirmen zu bieten hat.

Der junge, aalglatte Berater der Firma Adecco lädt mich ein, am Informationstisch Platz zu nehmen, und legt mir recht unpersönlich und gelangweilt einen Bewerberbogen vor, mit der Bitte, diesen doch vollständig auszufüllen. Dann verlässt er mich auch schon wieder und widmet sich mit weitaus mehr Interesse der gut aussehenden Kollegin der Firma Tuja – eines der größten deutschen Unternehmen, welches bereits vom Riesen Adecco geschluckt wurde. Ich fülle derweil den Bogen aus, in dem neben den üblichen persönlichen Daten auch Kenntnisse über Sprachen und erlernte Fähigkeiten in Fertigung, Handel, Lagerhaltung und Industrie abgefragt werden. Als ich nach 15 Minuten fertig bin, gesellt sich der Berater wieder zu mir:

B: »So prima, wie ich sehe, sind Sie fertig. Wir werden jetzt Ihre Daten in unsere Kartei aufnehmen und bestimmt was Passendes finden!«

»Das geht ja schneller als ich dachte, wann kann ich denn anfangen?«

B: »Das kann ich Ihnen so genau gar nicht sagen. Es wird erfahrungsgemäß allerdings schon noch eine Weile dauern. Sie kommen jetzt erst einmal auf unsere Warteliste und wenn dann was frei wird, melden wir uns unverzüglich.«

»Wissen Sie denn wenigstens, in welchem Bereich und an welchem Ort die künftige Arbeit sein wird?«

B: »Das bestimmt allein die Auftragslage. Wir sind allerdings international tätig. Es könnte also auch ein interessanter Einsatz im Ausland werden. Es ist genau diese Flexibilität, die wir von unseren Mitarbeitern erwarten. Dafür bieten wir Ihnen die Möglichkeit, immer wieder neue Arbeitsbereiche kennenzulernen.«

»Können Sie mir wenigstens Angaben über das zu erwartende Gehalt machen?«

B: »Auch hier kann ich Ihnen keine exakte Hausnummer nennen, das liegt ganz an der Tätigkeit. Im Normalfall liegen wir so zwischen 6 und 7 Euro brutto.«

»Gut, und was kann ich jetzt noch tun?«

B: »Wir haben ja Ihre Kontaktdaten und melden uns bei Bedarf telefonisch!«

So kämpfe ich mich den ganzen Morgen von Stand zu Stand. Die Berater der verschiedenen Firmen haben bestimmt alle am gleichen Rhetorikkurs teilgenommen, denn ihre Aussagen ähneln sich nicht nur – nein, sie sind nahezu deckungsgleich unverbindlich und unpersönlich. Nachdem ich auch den letzten Bewerbungsbogen ausgefüllt habe und bei Randstad auf die Warteliste gesetzt wurde, verlasse ich die Arge.

Als ich vor der Tür noch eine Zigarette rauche, treffe ich auf einen Leidensgenossen:

Herr X: »Und alles ordnungsgemäß ausgefüllt?«

»Ich denke schon. Warum?«

Herr X: »Ach nur so. Ich habe bis vor ein paar Tagen selbst für eine dieser Firmen gearbeitet.«

»Was meinst du über den Job als Leiharbeiter?«

Herr X: »Anfangs war noch alles in Ordnung. Ich hatte meine Einsätze und war froh, endlich mal wieder was zu tun zu haben. Nach einem Monat wurden die Aufträge jedoch immer weniger und der Auftraggeber zögerte mit der Bezahlung. So ging ich zwar noch ein paar Wochen mehr oder weniger sporadisch arbeiten, erhielt aber bis heute dafür kein Geld.«

»Wie: kein Geld? Was hast du dagegen unternommen?«

Herr X: »Ich stand ziemlich allein da mit meinem Problem

und mein Fallmanager verwies nur auf den Arbeitsvertrag. Der zeigte kein Interesse, obwohl die Arge noch 2000 Euro Vermittlungsgebühr für mich bezahlt hat.«

»Warum das?«

Herr X: »Als Langzeitarbeitsloser bekommst du einen Vermittlungsschein, der bei Abschluss eines Vertrages dann eingelöst wird.«

»Kein schlechtes Geschäft. Warum bist du wieder bei der Arge gelandet?«

Herr X: »Das war gar nicht so einfach, denn kündigen konnte ich nicht, sonst hätte ich eine dreimonatige Sperre bekommen. Und so ging ich einfach nicht mehr ans Telefon, wenn dann mal ein Anruf kam. Es dauerte nur wenige Tage, dann lag neben der Abmahnung die erhoffte Kündigung auf dem Tisch.«

»Feine Lösung und ein guter Tipp für meine eigene Zukunft – danke dir!«

Herr X: »Falls du wirklich in die Leiharbeit möchtest, rate ich dir, auch noch im Internet beim Stellenwerk ein Profil anzulegen. Auf diese Seiten haben alle Verleihfirmen Zugriff, dann bist du bestimmt schneller am Ziel!«

Also gehe ich auf dem Weg nach Hause noch schnell in mein Stamm-Internetcafe, um in einem mittlerweile geübten Prozess mein Bewerbungsprofil anzulegen. In meiner neu geschöpften Hoffnung und Euphorie verdränge ich, dass sich hier bereits mehr als 100 000 Bewerber eingetragen haben. Vergleichbar mit dem Jagdtrieb und der dazugehörigen Geduld eines Hobby-Anglers lege ich meine Köder im Haifischbecken der Leiharbeit aus und nehme mir vor, ganz entspannt abzuwarten, bis einer der Raubfische bereit ist, meinen Köder zu schlucken.

Als ich nach diesem langen Tag endlich in meiner Wohnung ankomme, macht sich dann doch eine gewisse Unsicherheit breit. Ich habe zwar von Adecco bis Randstad bei nahezu allen Verleihfirmen ein Bewerberprofil angelegt. Doch ich weiß nicht, welche Art von Arbeit ich an welchem Ort, zu welcher Zeit und zu welchen Konditionen angeboten bekomme.

Ich kann erst einmal nichts weiter aus eigener Initiative tun. Ab jetzt werde ich neben dem Telefon sitzen und jedes Klingeln wird mit der Hoffnung verbunden sein, einen Job vermittelt zu bekommen. Mir bleibt nichts anderes übrig, als dieses zermürbende Schicksal mit Tausenden von Menschen, die wie ich auf der Suche nach einer Arbeit sind, zu teilen.

Die modernen Kopfgeldjäger

Den meisten Menschen ist der Begriff des Kopfgeldjägers noch aus der Zeit des Wilden Westens bekannt. Mit den Fahndungsplakaten »Dead or Alive« zogen verwegene Typen mit schussbereitem Colt in der Gürteltasche von Stadt zu Stadt. Die Prämienjäger verhielten sich bei der Suche und Festnahme der Verdächtigen nicht gerade zimperlich. Ihr großer Vorteil im Vergleich zu den staatlichen Institutionen bestand darin, dass sich die privaten Kopfgeldjäger nicht so streng an die Auflagen halten mussten. Letztendlich waren sie in jenen Tagen – und daran hat sich bis heute nichts geändert – nur an den Belohnungen und weniger am Einzelschicksal der Verdächtigen interessiert.

Sollten Sie sich jetzt zu Recht die Frage stellen, was der Beruf des Kopfgeldjägers mit der heutigen, neuen Arbeitswelt zu tun hat, ist dies recht einfach zu beantworten. Bereits am folgenden Tag nach meinem Bewerbungsmarathon klingelt mein Telefon. In freudiger Erwartung nehme ich ab.

M: »Schönen guten Tag. Mein Name ist Paul Meyer und ich bin Mitarbeiter der Aubena Arbeitsvermittlung. Ich habe heute Morgen ›rein zufällig‹ Ihr Profil im Internet gesehen und könnte Sie schnell in Arbeit bringen. Sind Sie daran interessiert?«

»Natürlich, bin schließlich lange genug zu Hause und mir fällt die Decke bald auf den Kopf. Um welche Arbeit handelt es sich?«

M: »Ich hätte da mehrere Möglichkeiten, Sie schnell zu vermitteln. Wir müssten da vorher nur noch einige Formalitäten erledigen.«

»Das hört sich doch gut an. Was muss ich tun?«

M: »Ganz einfach: Sie müssen lediglich zu Ihrem Fallmanager gehen und ihm mitteilen, dass Sie einen Arbeitsvermittler beauftragen möchten. Im Normalfall stellt er Ihnen daraufhin einen Vermittlungsgutschein aus.«

»Entschuldigen Sie die Nachfrage, aber für wen ist dieser Gutschein und welchen Vorteil bringt er mir?«

M: »Mit dem Gutschein haben Sie das Recht, einen privaten Arbeitsvermittler einzuschalten. Sobald ich diesen in den Händen habe, werde ich direkt für Sie tätig. Es geht dann in der Regel recht zügig.«

»Also, wenn ich das richtig verstanden habe, bieten Sie selbst keine Arbeit an, sondern vermitteln lediglich Adressen und dafür erhalten Sie eine Provision. Ich werde also von Ihrer Firma nicht angestellt – oder?«

M: »Genau, und der Gutschein macht das Ganze für Sie kostenlos.«

»Und wenn ich keinen bekomme?«

M: »Das ist äußerst selten. In dem Fall besteht allerdings noch die Möglichkeit, die Vermittlungsgebühr selbst zu entrichten.«

»Na, dann greifen Sie mal einem nackten Mann in die Tasche. Ich lebe seit Monaten von 345 Euro. Wovon soll ich Sie denn bezahlen?«

M: »Das ist ganz einfach geregelt. Sie unterschreiben nur eine Abtretungserklärung und stottern das Ganze von Ihrem zukünftigen Gehalt ab.«

»Wie hoch ist denn die Vermittlungsgebühr?«

M: »Die beträgt ein Brutto-Monatsgehalt, maximal jedoch die 2000 Euro, welche ich auch von der Arge mit Gutschein bekomme.«

»Das wäre also dann eine Vollzeitstelle, und zu welchem Stundenlohn?«

M: »Das kann ich Ihnen heute noch nicht sagen. Es ist auf jeden Fall ein sozialversicherungspflichtiges Arbeitsverhältnis von mindestens 15 Arbeitsstunden pro Woche.«

»Moment einmal, wie soll ich denn davon überhaupt leben? Es ist doch etwas merkwürdig, dass der Staat Ihnen eine Provision von immerhin 2000 Euro zahlt für einen vermittelten Job, bei dem nicht einmal gewährleistet ist, dass der Lohn zum Überleben reicht. Finden Sie das in Ordnung?«

In diesem Moment unterbricht Herr Meyer von der Aubena Arbeitsvermittlung sehr plötzlich das Gespräch, ohne allerdings sein Geschäft aus den Augen zu verlieren. Denn nur einige Tage später liegt tatsächlich der Vermittlungsvertrag unterschriftsreif in meinem Briefkasten.

In den darauffolgenden zwei Wochen erhalte ich nahezu täglich mehrfach Angebote dieser Arbeitsvermittlung. In den häufigsten Fällen arbeiten solche Unternehmen recht eng mit einer Leihfirma zusammen oder haben im »Idealfall« bereits ihre eigene.

Bei einer durchschnittlichen Verweildauer eines Leiharbeiters von lediglich drei Monaten ist es durch die Vermittlungsprovision rechnerisch durchaus möglich, diesen kostenfrei zu beschäftigen. Durch die hohe Arbeitslosigkeit sind die Wartelisten unendlich lang und dieses Geschäft auch für die Zukunft gesichert. In diesem Zusammenhang fallen mir auch die Angebote einiger privater Postzustellfirmen wie PIN AG und so weiter auf, die nach Recherchen selbst bei den angebotenen Stellen über die Agentur für Arbeit in Großbuchstaben auf die Notwendigkeit eines Vermittlungsgutscheines hinweisen.

Genau wie ihre Kollegen, die uns bereits aus der Cowboyzeit bekannt sind, verdienen diese Firmen Prämien pro Kopf und entwickelten sich somit zu den modernen Kopfgeldjägern in der neuen Arbeitswelt.

Bei Anruf Arbeit

Nachdem ich mich in den ersten zwei Wochen kaum vor Angeboten der privaten Arbeitsvermittler retten kann, herrscht in der dritten eine nahezu gespenstige Ruhe. Ratlos starre ich die Wände in meiner kleinen Wohnung an, während die LKWs unten auf der Straße gleichgültig wie immer vorbeidonnern. Das letzte Quäntchen Optimismus löst sich nach und nach auf in einem endlosen, zähflüssigen Meer aus Zeit.

Dass sich meine finanziellen Mittel mal wieder dem Ende zuneigen, bin ich bereits gewohnt, doch durch die ewige Warterei habe ich das Gefühl, dass ich dumpf werde, und es würde mich nicht wundern, wenn mir gleich die Decke auf den Kopf fällt. Es soll weitere 15 solcher Tage dauern, bis ich endlich den – hoffentlich – erlösenden Anruf erhalte.

K: »Guten Tag, mein Name ist Kühn und ich bin Niederlassungsleiter der Firma Nova Personaldienstleistung. Und zwar habe ich heute Morgen Ihr Profil beim Vermittlungswerk gelesen und kann mir gut vorstellen, dass Sie zu uns passen. Sind Sie denn noch an einer Stelle interessiert?«

»Natürlich. Um welche Arbeit geht es?«

K: »Wir suchen mehrere Helfer zur Kontrolle von Automobilteilen. Unser Auftraggeber braucht da recht flexible Leute, auf die man sich verlassen kann. Können Sie sich vorstellen, im Schichtbetrieb zu arbeiten?«

»Damit habe ich ganz bestimmt kein Problem. Wo hat denn Ihr Auftraggeber seinen Sitz?«

K: »Es handelt sich um einen namhaften Kunden in Rüsselsheim. Ich würde vorschlagen, dass Sie am kommenden Montag um 11 Uhr zum Vorstellungsgespräch kommen. Alles Weitere können wir ja dann noch in aller Ruhe besprechen!«

Er gibt mir noch seine Adresse in Offenbach und verabschiedet sich schnell und hörbar gestresst. Mir bleibt kaum Zeit, mich über die Nachricht zu freuen, denn durch diese ergeben sich sofort Probleme, die nach einer schnellen Lösung verlangen: Für den Umzug nach Rüsselsheim bleiben mir drei Tage. Ganze 72 Stunden, um meine Wohnung in Gelsenkirchen aufzulösen und eine finanziell passende Unterkunft in der bekannten Automobilstadt zu finden. Das Glück scheint auf meiner Seite zu sein, und so werde ich tatsächlich fündig.

Nur wenige Tage zuvor hatte ebenfalls ein Leiharbeiter sein möbliertes Zimmer in der Nähe des ortsansässigen Automobilwerks gekündigt. Der Vermieter, ein emsiger, freundlicher Geschäftsmann, bot in dem ehemaligen Wohnhaus seiner Großeltern für Montagearbeiter mehrere möblierte Zimmer an. Weil der große Küchenraum und das Bad sowie Toiletten gemeinschaftlich genutzt werden, ist die Miete durchaus bezahlbar. Mit tatkräftiger Unterstützung einiger Freunde ziehe ich bereits zwei Tage später ein.

Die Niederlassung der Firma Nova befindet sich in einem Wohngebiet am Rande von Offenbach. Wie vereinbart klingele ich kurz vor 11 Uhr und der untersetzte und gut genährte Herr Kühn, den ich bereits als Telefonstimme kennengelernt habe, öffnet die Tür. Nach der in dieser Branche scheinbar üblichen unpersönlichen Begrüßung sitze ich wieder einmal allein an einem runden Tisch mit vier Stühlen. Vor mir der allgegenwärtige Bewerberbogen mit den immer gleichen Angaben. Fast gelangweilt fülle ich diesen aus und habe dabei genug Zeit, festzustellen, dass in den gut 150 Quadratmeter umfassenden Büroräumen außer mir und Herrn Kühn kein weiterer Mensch anwesend ist. Für die Verwaltung von Leiharbeitern benötigt man offenbar wenig Personal. Nach 20 Minuten gesellt sich der Niederlassungsleiter schließlich zu mir.

K: »So, äh, Sie haben ja schon alles ausgefüllt. Schön, dann kann ich Ihre Daten erfassen. Dann schauen wir mal …«
Dabei öffnet er einen Aktenordner und beginnt zu blättern.

K: »Ah, da haben wir es gefunden. Also, es handelt sich um einen Auftrag von der Adam Opel GmbH. Es werden hier mehrere Mitarbeiter im Schichtdienst zur Kontrolle von Autoteilen gesucht. Also eine recht einfache und anspruchslose Tätigkeit.«

»Ich kann mir da recht wenig drunter vorstellen. Könnten Sie das etwas genauer beschreiben?«

K: »Da brauchen Sie sich keine Sorgen zu machen. Sie müssen lediglich verschiedene Autoteile vor dem Einbau nochmals kontrollieren. Das ist im Allgemeinen keine große Sache.«

»Was kann ich dabei verdienen?«

K: »Das sind genau … 7,15 Euro brutto!«

Selbst etwas ungläubig über diesen Stundenlohn blättert er hektisch einige Seiten vor, um sich zu vergewissern.

K: »Doch, da steht es ja noch mal: 7,15 Euro brutto. Das ist doch gar nicht so schlecht, da müssen viele Ihrer ›Kollegen‹ mit weniger auskommen.«

»Oh ja. Wenn ich da Schicht-, Sonn- und Feiertagszulage draufrechne, kommt da bei 160 Stunden ein annehmbarer Betrag zusammen.«

K: »Sie bewerben sich wohl das erste Mal als Leiharbeiter?«

»Ja, wieso?«

K: »Weil Schicht- und Feiertagszulagen von uns schon lange nicht mehr gezahlt werden. Selbst die gewünschten 160 Stunden wird Ihnen keiner garantieren. Bei uns werden Sie pro Einsatz entlohnt und jeder Tag ohne Auftrag wird auf Ihrem Stundenkonto mit Minusstunden erfasst. Die Einsatzstunden sind somit von Monat zu Monat verschieden. Doch das ist alles Zukunftsmusik!«

»Und wann soll es losgehen?«

K: »So genau kann ich Ihnen das nicht sagen. Ich gehe davon aus, dass wir nächsten Montag starten können. Sicher ist das allerdings noch nicht. Haben Sie denn noch Interesse?«

»Ja, von mir aus kann es losgehen.«

K: »Gute Einstellung, solche Leute können wir gebrauchen. Ich habe ja Ihre Nummer und melde mich bei Bedarf.«

Ohne feste Zusage oder gar einen Arbeitsvertrag unterschrieben zu haben, verabschiede ich mich. Auch wenn bis zum jetzigen Zeitpunkt doch noch alles sehr vage ist, beschließe ich, den Kopf nicht hängen zu lassen und zeige mich stets bereit, bei Anruf die Arbeit anzutreten.

Entdecke Opel

Nach dem Vorstellungsgespräch bei der Firma entscheide ich mich, die freie Zeit zu nutzen, um nach drei Monaten fernab von Familie und Freunden eine kurze Pause in meiner Heimat einzulegen. Der Spätsommer ist wohl die schönste Jahreszeit in der von Tourismus und Weinbau geprägten Region. So genieße ich die herrlichen Sonnentage, gemeinsam mit Freunden auf der Terrasse sitzend. Wie sehr ich in der entbehrungsreichen Zeit in Gelsenkirchen vereinsamte, zeigen mir jetzt die intensiven Gespräche mit den mir vertrauten Menschen.

Die ersten zwei Tage vergehen dabei so schnell, dass ich Opel schon fast vergessen habe. Am Mittwochnachmittag, ich unterhalte mich gerade mit meinem Nachbarn im Garten, klingelt mein Telefon.

K: »Hallo, hier ist Herr Kühn. Ich habe eine sehr gute Nachricht für Sie. Wenn Sie möchten, können Sie anfangen!«

»Das freut mich aber. Wann soll es denn losgehen?«

K: »Ich brauche Sie sofort. In einer Stunde beginnt Ihre erste Spätschicht und wir treffen uns in 30 Minuten am Tor 60.«

»Oh, das wird ein Problem.«

K: »Kommen Sie mir nicht so. Das will ich jetzt nicht hören. Es ist wirklich dringend.«

»Ich würde ja gerne, doch ich bin im Moment bei meinen Eltern an der Mosel und gut 90 Minuten unterwegs. In einer halben Stunde ist das leider nicht machbar.«

K: »O. k., o. k. Dann muss ich mit Opel telefonieren. Ich ruf gleich noch mal an.«

Es dauert nur wenige Minuten, die mir in der momentanen Anspannung allerdings wie Stunden vorkommen, bis das Telefon erneut klingelt.

K: »Gut, ich habe das für Sie geregelt. Wir treffen uns dann in 90 Minuten vor Tor 60.«

»O. k., dann mach ich mich jetzt auf.«

In nur wenigen Momenten habe ich mich verabschiedet und sitze mit gepackter Tasche im Auto.

Der Stammsitz der Adam Opel GmbH wurde bereits 1899 von den Brüdern Fritz und Wilhelm Opel in Rüsselsheim gegründet. Das heutige, laut Konzernangaben, modernste Automobilwerk der Welt bietet mehr als 18 000 Menschen einen Arbeitsplatz. Allein an diesem Standort werden pro Jahr mehr als 200 000 Fahrzeuge produziert.

Tor 55: Der Treffpunkt aller Leiharbeitskollegen

Wie vereinbart, erwartet mich Herr Kühn vor Tor 60. Ungeduldig und mit hektischen Bewegungen drückt er mir eine Arbeitshose, ein T-Shirt und ein paar Arbeitsschuhe in die Hand und schon ziehen wir los zur Pass-Stelle. Während ein Mitarbeiter eines privaten Wachdienstes meine Personalien aufnimmt, wird mir ein fünfminütiges Sicherheitsvideo vorgespielt.

Nachdem ich meinen Ausweis erhalten habe, geht es sofort weiter. Mit laufendem Motor erwartet mich bereits ein Mitarbeiter der Firma Formel D. Herr Kühn verabschiedet sich, und wir fahren durch das Tor auf das gigantische Werksgelände. Ohne auch nur ein Wort miteinander zu wechseln, passieren wir eine Vielzahl von Werkshallen, bis unser Ziel erreicht ist. Auf dem Hallendach sehe ich die Leuchtreklame mit den Buchstaben SCR und Werbeschilder der Firma Randstad. In der Halle empfängt mich ein weiterer Mitarbeiter der Firma Formel D, der mir erklärt, dass ich noch einen Ausweis von SCR brauche. Ich bin irritiert, denn ich habe keine Ahnung, was das bedeutet, in welcher Beziehung Opel, Randstad, Formel D und SCR zueinander stehen und für wen ich denn nun eigentlich arbeiten soll.

Nachdem auch die Formalität mit dem Ausweis schnell geregelt ist, führt mich der Mitarbeiter in eine große Lagerhalle. Emsig wie die Ameisen sind hier bereits eine Handvoll weiterer Mitarbeiter mit der Qualitätskontrolle von Scheinwerfern beschäftigt.

M: »So, da sind wir. Zieh dich erst mal um und dann zeig ich dir, was zu machen ist.«

»In Ordnung. Wo finde ich die Umkleidekabinen?«

M: »Für euch gibt es hier keine. Du kannst dich da in der Ecke umziehen. Und beeil dich!«

Der gut 15 Jahre jüngere Mann hat hier wohl das Sagen. In wenigen Minuten erklärt er mir die immer wiederkehrenden zwei Handgriffe, welche für die Kontrolle notwendig sind. Und schon geht es los. Später erfahre ich durch eigene Recherchen: Bereits Jahre zuvor hatte Opel den gesamten Lagerbereich outgesourct und seither führt in diesen Hallen die Firma SCR das Kommando. So arbeiten hier schon seit längerer Zeit keine »Opelaner« mehr, sondern Leiharbeiter dieser Firma, und somit spielen in diesem Bereich die Tariflöhne auch keine Rolle. Selbst die von uns kontrollierten Scheinwerfer werden seit Jahren nicht mehr im Werk hergestellt, sondern vom spanischen Hersteller Valeo geliefert. Dieser produziert aber auch nicht mehr in Spanien, sondern verlagerte die Herstellung nach China. Nahezu täglich werden also von China über Spanien die Scheinwerfer ins Werk nach Rüsselsheim geliefert. Allerdings ergaben sich immer wieder erhebliche Qualitätsprobleme, und eine Vielzahl der gelieferten Ware führte zu Reklamationen. An dieser Stelle kommt die Firma Formel D ins Spiel. Nach eigenen Angaben ist Formel D ein international tätiger Premium-Dienstleister der Automobil- und Zulieferer-Industrie. Weltweit bieten über 1300 Mitarbeiter den Kunden täglich bedarfsorientierte und innovative Lösungen rund um den Produktionsprozess. Mit dem Einsatz von Formel D hatte Opel auch die Qualitätskontrolle ausgelagert. So entstanden in dieser Lagerhalle für sechs Mitarbeiter neue Arbeitsplätze. Doch auch diese hatte Formel D bereits an Fremdfirmen vergeben mit dem Auftrag, die Scheinwerfer direkt von der Laderampe auf dem Weg zur Produktion nochmalig zu überprüfen.

Die ersten vier Stunden vergehen wie im Flug, und im Akkord haben wir den riesigen Turm von Scheinwerfern abgearbeitet. Als der Gabelstapler die letzte Palette hektisch aufs Band befördert, kommt unser Aufseher zurück, der während der gesamten Zeit nicht zu sehen war.

Meine Aufgabe: Überprüfung der Scheinwerfer aus China

A: »So, ich hab eine gute Nachricht für euch. Für heute ist Feierabend. Ihr werdet in fünf Minuten abgeholt, also zieht euch schnell um.«

»Und morgen zur Spätschicht geht es weiter?«

A: »Puh, das kann ich euch noch nicht sagen. Ich habe ja eure Telefonnummern und melde mich dann bis spätestens 13 Uhr.«

Nur wenige Minuten nach dieser Ansage sitzen wir erneut bei dem »stummen«, korpulenten und nach Schweiß riechenden Fahrer im Auto, der uns kommentarlos durch Tor 60 entlässt.

Da stehen nun sechs Leiharbeiter aus sechs verschiedenen Firmen, die heute im Gebäude der Firma SCR für Opel im Auftrag der Firma Formel D die Scheinwerfer der spanischen Firma Valeo kontrollierten. Ganze vier Arbeitsstunden durften wir die Welt eines der bekanntesten deutschen Automobilunternehmen entdecken, ohne dabei allerdings einen echten »Opelaner« kennenzulernen. Und für jeden von uns bleibt nur ein Hungerlohn übrig. Doch auch wenn wir diese erbärmliche Situation teilen: Ein »wir« oder »uns« gibt es unter solchen Umständen im Grunde nicht. Jeder verhält sich genauso unpersönlich und unverbindlich wie die Auftraggeber. Keiner der Beteiligten weiß, ob es für ihn ein »Morgen« in diesem Werk geben wird.

Merk dir die Namen der Kollegen nicht!

Am darauffolgenden Tag warte ich vergebens auf den Anruf, selbst Herr Kühn lässt nichts von sich hören. So wächst bereits am zweiten Tag die Angst, von der Arbeit bei Opel nicht einmal die anfallenden Mietkosten bezahlen zu können. Genau betrachtet weist mein Lohnkonto bei der Firma Aris nach dem heutigen Tag sogar ein Minus von vier Arbeitsstunden auf. Nach den vertraglichen Vereinbarungen bin ich verpflichtet, den »freien« Tag nachzuarbeiten. Schon jetzt wird mir klar, dass ich allein das komplette wirtschaftliche Risiko trage. Mein Arbeitgeber und auch Opel zahlen nur für die Einsatzzeiten. Diese Vereinbarung erinnert mich mehr an die Zeit meiner Selbstständigkeit als an ein abhängiges Arbeitsverhältnis. Diese Art von Beschäftigung gleicht eher einer sogenannten Scheinselbstständigkeit.

Durch diese gesetzlichen Regelungen hat sich der »Arbeiterstrich« längst in die Wohnungen der einzelnen Leiharbeiter verlagert. Man steht heute also nicht mehr früh morgens an der Straße und bietet für einen Hungerlohn seine Dienste an. Nein, in der neuen Arbeitswelt sitzt man im Appartement und wartet hoffnungsvoll auf einen Anruf. Dieser kommt für mich erst am nächsten Tag kurz vor 14 Uhr:

K: »Ich habe eine gute Nachricht. Es geht heute um 16 Uhr weiter. Also dann werden Sie wieder am Tor 60 abgeholt.«

»Und was war gestern? Ich habe mehrmals versucht, Sie zu erreichen. Es wäre doch angebracht, mich auch zu informieren, wenn es mal nicht so gute Nachrichten gibt. Ich sitz hier und mach mir doch Sorgen, wie ich mein Leben finanziere, das müssen Sie doch verstehen!«

K: »Machen Sie sich da mal keine Gedanken. Sie werden noch Einsätze genug bekommen. Sie sehen doch, dass es weitergeht. Also Kopf hoch, wir machen das schon.«

»Gut. Wissen Sie denn schon, wie es in der nächsten Woche mit Arbeit aussieht?«

K: »So genau kann ich das noch nicht sagen, doch es wird schon werden!«

Es ist genau diese Unverbindlichkeit, die einem Leiharbeiter das Leben so unberechenbar macht und ihn dadurch unnötig unter Stress setzt. Selbst in meiner Zeit als Hartz-IV-Empfänger hatte ich sehr genaue Informationen, welche finanziellen Mittel mir für den Monat zur Verfügung standen. Blieb mir damals aufgrund der sicheren Mietzahlung doch »nur« die Angst, ob es mir gelingen würde, genügend Lebensmittel für den Monat ranzuschaffen. Das Leben eines Leiharbeiters sieht noch dramatischer aus, denn auch die Miete muss erst einmal verdient werden.

In meiner Situation ist sie das bisher noch nicht und somit bleibt mir nichts anderes übrig als loszuziehen. Der Eintritt ins Werk führt am Büro des Pförtners vorbei, der durch Sichtkontrolle die Werksausweise für Leiharbeiter kontrolliert. Herrschend und unfreundlich macht er uns bereits am Eingang deutlich, dass wir hier nicht willkommen sind. Seine Missbilligung lässt er uns täglich durch neue Schikanen spüren, und somit ist das entwürdigende Einlassverfahren eine erste Hürde, die bei so manchem Kollegen psychosomatische Beschwerden wie zum Beispiel Bauchschmerzen verursacht.

Hinter dem Tor empfängt mich schon ungeduldig der wortkarge Fahrer von Formel D, und wieder geht es los in die »heilige« Lagerhalle von SCR.

An der Laderampe wird bereits der lang erwartete LKW mit den dringend benötigten Scheinwerfern entladen. Um weniger Kapital im Lager zu binden, fahren hier im Stundentakt LKW vor, die »just in time« die in der ganzen Welt produzierten Autoteile anliefern.

Emsig sind zwei Gabelstaplerfahrer von einem Vorarbeiter mit dem Entladen beschäftigt. An der Rampe stehen bereits vier Leiharbeiter, um die Paletten entgegenzunehmen. Doch im Gegensatz zu meinem ersten Tag fällt mir nun auf, dass jeder von ihnen eine gelbe Warnweste trägt. Außerdem ist nicht einer der Kollegen vom Mittwoch zu sehen. Einzig der junge Aufseher von Formel D ist mir bekannt.

A: »Gut, dass du auch noch gekommen bist. Wir sind ganz schön im Stress. Die Scheinwerfer müssen in drei Stunden kontrolliert sein, sonst steht das Band. Also los …«

»Mal langsam. Ich werde hier pro Stunde und nicht pro Stück bezahlt. Warum sollte ich dann schneller arbeiten als notwendig?«

A: »Sei doch froh, dann hast du früher Wochenende.«

»Wochenende kann ich mir nach dieser Woche nicht leisten. Ich brauche Stunden, um zu überleben. Verstehst du?«

A: »Ist mir egal. Hier, zieh die Weste an, und los geht es!«

»Warum müssen wir jetzt gelbe Warnwesten tragen?«

A: »Wir arbeiten hier im Lager und wie du an den gelben Sicherheitslinien erkennen kannst, darf hier wegen der Gabelstaplerfahrer eigentlich keiner arbeiten. Die Weste dient zu deinem Schutz, damit nicht noch einmal so ein Idiot sich anfahren lässt.«

»Wann ist das denn passiert?«

A: »Gestern. Ich kann dir sagen, das Gesicht von diesem Vollidiot möchte ich hier nicht mehr sehen. Guckt nicht nach rechts oder links und schon war es geschehen. Aber jetzt Schluss mit dem Gerede – an die Arbeit!«

Zum Ärger meines Aufsehers sehe ich selbstverständlich kein Motiv, ein erhöhtes Arbeitstempo an den Tag zu legen. Ich lasse ihn mehrfach seine Wut darüber an mir entladen und denke gelassen, dass für mich hier jede Stunde zählt. Nachdem der erste Hunger der scheinbar unersättlichen Produktionslinie nach Scheinwerfern gestillt ist, entspannt sich die Situation, und unser Aufseher gewährt uns Leiharbeitern großzügig eine kleine Zigarettenpause. Stumm sitzen wir auf einer Bank vor der Halle und ziehen das Nikotin durch unsere Lungen. Neben den zwei deutlich jüngeren Kollegen, die ihren Kopf schon senken, wenn sie der gleichaltrige Aufseher nur ansieht, sitzt ein erfahrener Kollege.

EK: »Du bist noch nicht lange in der Leiharbeit, oder?«
    »Woran merkst du das? Es ist mein erster Einsatz.«
EK: »Wenn du hier bestehen und weiter arbeiten möchtest, solltest du besser so einiges herunterschlucken. Du schadest dir nur selbst. Nach meiner Erfahrung ist es besser, den Mund zu halten. Es bringt sowieso nichts außer Ärger für dich. Als Leiharbeiter trägst du das Schicksal, nahezu jedem weisungsgebunden zu sein.«
    »Aber es gibt doch die Gewerkschaft.«
EK: »Welche? Die für Opel oder Formel D zuständigen haben mit dir nichts zu tun. Dein Schicksal interessiert die nicht im Geringsten. Nein, als Leiharbeiter ist man immer auf sich allein gestellt. Eine Art Einzelkämpfer, der sich mit allem abzufinden und keine Kollegen hat – oder siehst du hier einen von deiner Leihfirma?«
    »Nein, da habe ich auch noch keinen kennengelernt.«
EK: »Das wirst du auch nur in seltenen Fällen erleben. Heute arbeitest du für Opel und morgen vielleicht schon ganz woanders. Je nach Auftragslage deiner Leihbude. So läuft das

Geschäft und ich kann dir aus jahrelanger Erfahrung raten, dir die Namen deiner Kollegen nicht zu merken. In der Regel wirst du sie nicht wiedersehen.«

Nach vier Stunden Arbeitseinsatz werden wir von unserem Aufseher ins Wochenende entlassen. Ob er uns auch am Montag noch braucht, lässt er offen. Wie immer.

Opelaner dritter Klasse

Zu meiner Überraschung meldet sich Herr Kühn am Montagmorgen bereits sehr früh. Diesmal soll ich um 13.30 Uhr vor Ort sein. Da der Fahrer von Formel D keine Zeit hat, mich zur Halle von SCR zu bringen, muss ich den Weg von 20 Minuten zu Fuß gehen. Kurz bevor ich die Halle erreiche, passiert mich der Wagen von Formel D und fährt, ohne mich zu beachten, vorbei.

An der Laderampe steht wieder einmal ein LKW und wird im Eiltempo entladen. In der Halle erwartet uns bereits sehnsüchtig der junge Aufseher vor mehreren Paletten und drückt aufs Tempo. Neben ihm stehen vier neue Leiharbeiter mit hoch motivierten Gesichtern, in feinster Arbeitskleidung von Formel D. Ich habe mich in den ersten Tagen bereits daran gewöhnt, in jeder Schicht mit anderen »Kollegen« zusammenzuarbeiten. Doch als ich die Neuen sehe, wird mir sofort klar, dass sich hier in Zukunft etwas ändern wird. Im Gegensatz zu den anderen tragen sie die neueste Arbeitskleidung und sind bereits an ihrem ersten Tag mit einem Mitarbeiterausweis von Formel D ausgestattet. Bisher war es üblich, dass ich und auch die anderen Leiharbeiter lediglich einen Besucherausweis hatten. So sind an diesem Tag für mich, den einzigen »Besucher« in der Schicht, die Weichen also klar auf Abschied gestellt.

Umso verwunderter bin ich, als mir unser Aufseher den Auftrag erteilt, die Neuen einzuarbeiten. Nach kurzer Zeit verlässt er die Halle und ich stehe mit der Aufgabe allein da. Erwartungsfroh und voller Tatendrang blicken mich acht Augen an und ich weise sie in aller Kürze in ihren neuen Arbeitsbereich ein. Als ich gerade damit beginne, den überschaubaren Teil der schriftlichen Dokumentation unserer Prüfergebnisse zu erklären, unterbricht mich einer der jungen Wilden:

M: »Entschuldigen Sie, doch das können Sie sich sparen. Wir haben das alles bereits in der letzten Woche im Werk in Bochum kennengelernt.«

»Warum habt ihr denn in Bochum gearbeitet?«

M: »Genau um das zu lernen, was Sie uns gerade erklären. Unser Arbeitgeber, die Formel D, hat uns für fünf Tage nach Bochum geschickt und uns durch Kollegen alles Wichtige gezeigt.«

»Ihr seid wirklich bei Formel D angestellt?«

M: »Ja, bereits seit einer Woche. Wieso? Sie etwa nicht?«

»Nein, ich bin nur ans Werk ausgeliehen. Und ihr habt tatsächlich einen festen Arbeitsvertrag?«

M: »Natürlich, die bauen doch hier in Rüsselsheim die Kontrolle erst richtig auf. Wenn du das in Bochum gesehen hättest, kämst du aus dem Staunen nicht mehr heraus.«

»Warum das?«

M: »Die arbeiten bereits mit je vier festen Mitarbeitern im Drei-Schicht-Betrieb. Dagegen steckt das hier ja noch in den Kinderschuhen.«

»Interessant. Habt ihr einen festen Schichtplan?«

M: »Selbstverständlich. Diese Woche spät und im Wechsel dann Frühschicht.«

»Sorry die vielleicht indiskrete Frage, aber was bekommt ihr in der Stunde?«

M: »Den üblichen Formel D-Tarif, also am Anfang 7,80 brutto die Stunde. Das bekommst du doch sicher auch, oder?«

»Dazu sage ich besser nichts. Lass uns anfangen, sonst gibt es Ärger.«

Jetzt wird klar, warum man sich gegenüber uns Leiharbeitern so unverbindlich gegeben hat. Lag doch unsere Aufgabe offensichtlich nur darin, die neuen Mitarbeiter während ihrer Einarbeitungszeit kurzfristig zu ersetzen. Unser Abschied war also schon vor der Einstellung längst beschlossene Sache. Diese Information wirkt nicht nur auf ganzer Linie demotivierend, sondern löst bereits während der recht eintönigen Arbeit Ängste über meine nahe Zukunft aus. Tief in Gedanken versunken, beschäftige ich mich bereits mit möglichen Alternativen und spüre nicht, wie die Zeit nur so dahinrast. Ich bemerke nicht einmal, dass unser Aufseher bereits zurück ist, und erst, als er das allseits beliebte Wort »Pause« in den Raum wirft, gibt mein Kopf Ruhe.

Bei meinen ersten Einsätzen, die nie über vier Arbeitsstunden hinausgingen, war dieses Wort nicht gefallen. So fehlt mir, wie auch den neuen Kollegen, die Orientierung, an welchen Ort wir uns denn jetzt zurückziehen können. Doch die Lösung ist schnell gefunden, und so dürfen wir unsere Pause auf dem Bürgersteig vor der Halle verbringen. Als ich meine belegten Brote aus dem Rucksack nehmen will, stelle ich fest, dass ich diese wohl in meiner Wohnung vergessen habe. Was tun? Vier weitere Stunden liegen vor mir und der bisherige Einsatz hat bereits deutlich an meinen Kräften gezehrt. In diesem Moment öffnet sich die Tür der Nebenhalle und zu meiner Überraschung sehe ich die ersten, in ihrem typischen Grau gekleideten Opelaner.

Scherzhaft hatte ich die Stammarbeiter des Werks bereits »Mammut« getauft, weil ich bisher noch keinen zu Gesicht bekam. Als sich einer neben mir eine Zigarette anzündet, nutze ich die Chance:

»Entschuldigung, wo finde ich denn hier die Kantine?«

Das Urgestein schaut mich etwas verdutzt an und antwortet ein wenig von oben herab.

OM: »Die ist für dich uninteressant!«

»Warum das?«

OM: »Weil du dir das Essen als Leiharbeiter nicht leisten kannst. Ihr zahlt immerhin 7 Euro pro Mahlzeit und seid zudem auch nicht gerne gesehen.«

»Oh ja, 7 Euro ist schon happig, die verdiene ich hier nicht einmal pro Stunde. Und was zahlt ihr?«

OM: »Genau deshalb sehen wir euch da nicht so gerne. Für 7 Euro wäre hier noch vor ein paar Jahren keiner bereit gewesen, zu arbeiten. Das ist erst durch euch möglich und seither müssen wir uns noch für unsere Tarife rechtfertigen. Da ist es schon mehr als richtig, dass ihr genau das Doppelte fürs Essen zahlen müsst.«

»Entschuldige, wie hoch ist denn der niedrigste Opel-Tarif?«

OM: »Das ist kein so großes Geheimnis, der liegt bei 15,35 Euro plus Zulagen.«

»Also erhalten wir nicht einmal die Hälfte davon, sollen aber für ein Essen das Doppelte bezahlen. Das ist schon ganz schön ungerecht!«

Mit einem leichten Schmunzeln verschwindet er wieder in der Halle, und ich nutze den Süßigkeiten-Automaten, um meinen Hunger zu stillen. Dieses Gerät macht wenigstens keinen Unterschied zwischen Leiharbeiter und Opelaner.

Als ich wenige Stunden später beim Abendessen in meinem kleinen Zimmer sitze, wollen mich die Ereignisse des heutigen Tages einfach nicht in Ruhe lassen. Zunächst ist da die Information über die neuen Mitarbeiter, verbunden mit der Angst, den bisherigen, wenn auch unverbindlichen Arbeitsplatz zu verlieren. Zudem wird mir auch die Stellung meines eigentlichen Arbeitgebers, der Firma Nova, erst jetzt so richtig bewusst. Mit großer Euphorie ausgestattet, plante deren Niederlassungsleiter nach dem ersten Mitarbeiter bei Opel natürlich den Ausbau der Geschäftsbeziehung. Am Ende mussten wir beide feststellen, dass die sogenannten Riesen der Leiharbeitsbranche wie Formel D, Randstad und auch Adecco das Geschäft bereits unter sich aufgeteilt haben. Wir waren lediglich günstige Lückenfüller, um Engpässe auszugleichen.

Außerdem wird für mich nach dem Gespräch mit dem Opelaner nun auch die abweisende Art des Pförtners verständlicher. Sind wir es doch – die Leiharbeiter –, durch deren Einsatz in den letzten Jahren das Lohngefüge im Werk drastisch nach unten gedrückt wurde. Mein Mitgefühl gegenüber den »echten Opelanern« und das Bewusstsein, durch meine Beschäftigungsbedingungen bereits einen vormals tariflich entlohnten Arbeitsplatz ersetzt zu haben, hinterlassen ein ungutes Gefühl bei mir, dem Opelaner dritter Klasse.

Die Zukunft der Opeljugend

Nach einer nahezu schlaflosen Nacht warte ich am folgenden Tag wieder vergebens auf den Anruf von Opel. So nutze ich den »freien« Tag, um einigen Dingen nachzugehen, die mir in letzter Zeit ebenfalls den Schlaf raubten. Gefährdete ich mit meinem Undercover-Einsatz tatsächlich den tariflich entlohnten Arbeitsplatz eines Opelaners? Werden Leiharbeiter und Angestellte gegeneinander ausgespielt? Geht es gar nicht um Unterstützung in besonders auftragsintensiven Zeiten, sondern vielmehr um die gezielte Vernichtung von sozialversicherungspflichtiger, anständig bezahlter Arbeit? Um diese mir wichtigen Fragen zu beantworten, muss ich mich mit der Situation der im Werk befindlichen Auszubildenden beschäftigen. Sie sind schließlich die Zukunft von Opel.

Ich setze mich also mit einer Vertreterin der Auszubildenden in Verbindung, und was ich da zu meiner Überraschung zu hören bekomme, lässt mir einen kalten Schauer über den Rücken laufen. Von einer engagierten und mutigen jungen Frau erhalte ich folgende Mitteilung:

»Wir sind Auszubildende der Lehrwerkstatt Opel und wollen Ihnen gerne berichten, was hier im Moment vor sich geht. Das 2008 auslernende Lehrjahr soll laut dem 2004 beschlossenen ›Zukunftsvertrag‹ erstmalig seit Bestehen in keinster Weise übernommen werden. Weil wir uns damit nicht zufrieden gaben, haben wir auf einer Betriebsversammlung Ende November 2006 eine Aktion für die Übernahme gemacht. Daraufhin kam das Angebot der Geschäftsleitung, die Azubis zur Leihfirma Adecco zu vermitteln. Opel würde sich bemühen, die Azubis in der Regel zu Adecco zu vermitteln, insbesondere zum Einsatz bei Opel, worauf ein individueller Rechtsanspruch allerdings nicht gewährt wurde.

Letzte Woche kam dann aber alles raus: Jeder muss sich individuell bewerben, trotz Betriebsvereinbarung entsteht dabei kein Vorteil gegenüber anderen Bewerbern. Keiner erhält eine Garantie, bei Opel eingesetzt zu werden.

Darüber waren wir sehr wütend, weil uns immer erzählt wurde, wir hätten dadurch Vorteile. Aber die Realität sieht anders aus. Entweder gehen wir zu schlechten Arbeitsbedingungen zu Adecco oder wir werden arbeitslos. Als wir uns mit Mahnwachen zur Wehr setzen wollten, drohten unsere Ausbildungsleiter, jedem Teilnehmer eine Abmahnung zu erteilen.

Sie können sich vorstellen, dass wir viel darüber nachdenken, wie es weitergehen soll mit unserer Zukunft und der Zukunft aller Jugendlichen. Insgesamt wachsen bei uns allen das Bewusstsein und die Entschlossenheit, dass wir unsere Zukunft selber in die Hand nehmen müssen!«

Entwurf

Betriebsvereinbarung Nr. 19/2005

„Personalmaßnahmen" Bochum, den 5. Dezember 2005

Zwischen Geschäftsleitung und Betriebsrat wird folgendes vereinbart:

I. Adecco - Projekt

Auf der Grundlage der Betriebsvereinbarung „Restrukturierung Werk Bochum" vom 14. April 2005 verfolgt die Geschäftsleitung des Werkes Bochum weiterhin das Ziel, den geplanten Personalabbau vorrangig durch sozialverträgliche Maßnahmen durchzuführen. Zusätzlich zu den bisher vereinbarten Maßnahmen unterbreitet die Adam Opel AG deshalb ihren Mitarbeitern ein weiteres Angebot für einen Austritt aus dem Unternehmen unter Beteiligung eines Personaldienstleisters (Adecco-Projekt). Dieses Projekt soll den Mitarbeitern zusätzliche Chancen zum Erhalt eines neuen Arbeitsplatzes außerhalb der Adam Opel AG eröffnen.

1. Interessierten Mitarbeitern unterbereitet der Personaldienstleister Adecco ein Angebot zum Abschluss eines unbefristeten Arbeitsvertrages mit Adecco; der Vertragsbeginn bei Adecco kann auf den 1.2. oder 1.3.2006 festgelegt werden. Dieses Vertragsangebot umfasst folgende Konditionen:

   Bis zum 31.5.2007 erhalten die zu Adecco gewechselten Mitarbeiter die gleichen Leistungen (einschließlich Weihnachtsgratifikation und zusätzliches Urlaubsgeld), die sie zum Zeitpunkt des Wechsels bei der Adam Opel AG erhalten haben.

   Ferner werden die betreffenden Mitarbeiter bis zum 31.5.2007 tatsächlich bei der Adam Opel AG beschäftigt, und zwar nach Möglichkeit an ihrem bisherigen Arbeitsplatz.

   Ab dem 1.6.2007 bis zum 31.1.2009 (bei Eintritt zum 1.2.2006) bzw. bis zum 28.2.2009 (bei Eintritt zum 1.3.2006) erhalten die betreffenden Mitarbeiter bei Adecco den gleichen Monatsgrundlohn, den sie bei der Adam Opel AG erhalten haben. Alle übrigen Leistungen werden auf Basis des bei Adecco geltenden Tarifvertrages gewährt. Ab dem 1.6.2007 kann ein Arbeitseinsatz auch bei anderen Auftraggebern als der Adam Opel AG erfolgen.

   Ab dem 1.2.2009 (bei Eintritt zum 1.2.2006) bzw. ab dem 1.3.2009 (bei Eintritt zum 1.3.2006) erfolgt der Arbeitseinsatz bei Adecco zu den dort üblichen Konditionen.

2. In dem unbefristeten Arbeitsverhältnis mit Adecco sind betriebsbedingte Beendigungskündigungen jedenfalls vor Ablauf des 3. Beschäftigungsjahres völlig ausgeschlossen.

Aus der Betriebsvereinbarung Nr. 19/2005:
Ausgebildete werden zum ersten Mal bei Opel nicht übernommen.

Die hier angesprochene Adecco-Gruppe mit Sitz in der Schweiz ist mit einem Jahresumsatz von 21 Milliarden Euro und etwa 37 000 Leiharbeitern einer der größten Arbeitgeber weltweit. Einer der für die Zukunft engagierten Mitarbeiter des Konzerns, Wolfgang Clement, kommentierte seine Motivation folgendermaßen:

»Nach etlichen Jahren in der Politik, in denen ich mich vor allem um Wirtschafts- und Arbeitsmarktfragen kümmerte, freue ich mich, am Aufbau einer Institution mitwirken zu können, die einen wesentlichen Beitrag zur gesellschaftlichen Entwicklung Europas leisten möchte. Mit dem Adecco-Zukunftsinstitut werden wir in der Lage sein, eine moderne Perspektive für die europäischen Arbeitsmärkte zu entwickeln und praxistaugliche Vorschläge für Unternehmen und politisches Handeln zu machen.«

Der Erfolg seiner Arbeit trägt mit dem sogenannten Adecco-Projekt »Zukunftsvertrag 2010« bei Opel nun erste Früchte. Somit ist es seinem neuen Arbeitgeber gelungen, ganze Jahrgänge von gut ausgebildeten jugendlichen Opelanern zu akquirieren. Dazu kann man dem ehemaligen Superminister ja nur gratulieren.

Für diesen Coup wird sich Adecco wahrscheinlich bei der Entlohnung großzügig gezeigt haben. Jeder weiß doch, dass gerade in der Ausbildung für den Betrieb hohe Kosten anfallen. So zahlt sich der politische Einsatz wenigstens für einen aus.

Die jungen Mechatroniker/innen bei Opel müssen in Zukunft für die gleiche Arbeit erhebliche finanzielle Nachteile in Kauf nehmen. Wie sich diese Lohndrückerei mit System auswirkt, verdeutlicht die Tabelle auf Seite 96:

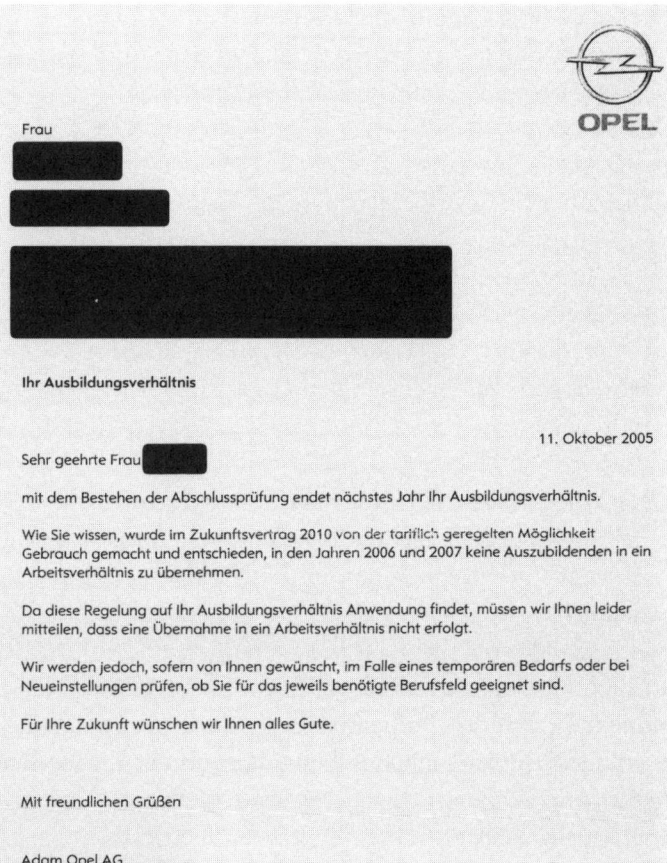

OPEL

Frau

Ihr Ausbildungsverhältnis

11. Oktober 2005

Sehr geehrte Frau

mit dem Bestehen der Abschlussprüfung endet nächstes Jahr Ihr Ausbildungsverhältnis.

Wie Sie wissen, wurde im Zukunftsvertrag 2010 von der tariflich geregelten Möglichkeit Gebrauch gemacht und entschieden, in den Jahren 2006 und 2007 keine Auszubildenden in ein Arbeitsverhältnis zu übernehmen.

Da diese Regelung auf Ihr Ausbildungsverhältnis Anwendung findet, müssen wir Ihnen leider mitteilen, dass eine Übernahme in ein Arbeitsverhältnis nicht erfolgt.

Wir werden jedoch, sofern von Ihnen gewünscht, im Falle eines temporären Bedarfs oder bei Neueinstellungen prüfen, ob Sie für das jeweils benötigte Berufsfeld geeignet sind.

Für Ihre Zukunft wünschen wir Ihnen alles Gute.

Mit freundlichen Grüßen

Adam Opel AG

Adam Opel AG, Werk Bochum
Opelring 1, D-44782 Bochum
Telefon (02 34) 9 89-01
Telefax (02 34) 9 89-31 15
www.opel.de

Vorstand:
Hans H. Demant (Vorsitzender),
Reinald Hoben, Roger Johansson,
Norbert Küpper, Bernhard Lothschütz,
Alain Visser.

Aufsichtsrat:
Carl-Peter Forster (Vorsitzender).

Sitz der Gesellschaft: Rüsselsheim
Handelsregister:
Amtsgericht Darmstadt, HRB 82001

Ein Unternehmen der GM Gruppe

Kündigungsschreiben von Opel für Ausgebildete

Opel Lohngruppe E (Produktion)
Stundenlohn	16,50 Euro
Jahresbrutto	38 000 Euro

Adecco
Stundenlohn bei Opel	13,80 Euro
Jahresbrutto	26 000 Euro

Formel D
Stundenlohn	7,50 Euro
Jahresbrutto	14 000 Euro

Dazu kommt: Die Arbeitszeiten sind unterschiedlich, außerdem sind Kollegen aus Leihfirmen zwischen einem Tag und mehreren Monaten beschäftigt, haben also kein festes Jahreseinkommen.

Ich gehe davon aus, dass Herr Clement einer breiten Öffentlichkeit dies auch noch als Rettung der gefährdeten Arbeitsplätze bei Opel für die jüngere Generation darstellen wird. Doch in Wirklichkeit wurde ganz in der Tradition natürlich nach Bedarf ausgebildet und auch bisher jeder Azubi anstandslos übernommen. Erst das mit Adecco ausgehandelte Projekt »Zukunftsvertrag 2010« wird mit dieser Tradition brechen. Dieser Vertrag macht aus einem jungen Facharbeiter einen Opelaner zweiter Klasse, der auf 12 000 Euro pro Jahr für die gleiche Arbeit verzichten muss, als sei es das Selbstverständlichste der Welt. Und die Zukunft der Opeljugend wird nicht wie bisher vom Werk und der Jugendvertretung, sondern von Herrn Clement und Adecco bestimmt.

In der heutigen Spätschicht muss alles etwas schneller gehen. Da in der letzten Woche an nicht einem Tag die vorgegebene Anzahl an Einheiten vom Band ging, herrscht spürbare Hektik. Besonders die leitenden Mitarbeiter, welche gewöhnlich uns nur durch die Fenster ihrer Büros beobachten, sind heute emsig in der Halle unterwegs. Von oben herab geben sie den von der Geschäftsleitung ausgeübten Druck an alle anwesenden Kollegen weiter. Einer der Schlipsträger in blauen Hemden hat gerade uns Leiharbeiter besonders gern. Immer auf der Suche nach Fehlern schleicht er mehrfach am Tag um unsere Paletten herum. Hat er vermeintliche Fehlgriffe entdeckt, taucht er wie aus dem Nichts auf, um mit lautstarker Stimme einen Kollegen vor allen anderen bloßzustellen. Nach zwei Stunden haben wir bereits einen Großteil der neu gelieferten Scheinwerfer kontrolliert und – wie üblich – nahezu die Hälfte aussortiert. Meist sind es unscheinbare, haarfeine Risse in der Glasfläche oder Gumminippel, die zur Befestigung dienen, die uns zum schnellen Urteil »NOK« (Nicht o. k.) führen. In den vergangenen Tagen schien die hohe Ausschussquote keine Rolle zu spielen. Die Ware wurde von den Gabelstaplerfahrern wieder zum Rücktransport vorbereitet und die als ordnungsmäßig kontrollierten Teile direkt der Produktion zur Verfügung gestellt. Doch an diesem Tag ist alles anders!

Nachdem die Nachricht über den hohen Ausschuss auch den leitenden Schlipsträger in der Halle erreichte, steht dieser binnen weniger Sekunden vor uns. Sichtbar wütend stürzt er sich auf einen der Leiharbeiter. Bei den anderen ist eine gewisse Erleichterung zu spüren, dass der mit Sicherheit folgende Anpfiff nicht sie trifft. Der Schlipsträger hält kurz inne und beobachtet eine Weile den bereits nervösen Kollegen. In diesem Moment geschieht genau das, worauf unser Antreiber nur gewartet hatte: Beim Herausnehmen aus der Kunststoffverpackung gleitet dem Kollegen das gute Stück aus den

Fingern und landet genau vor den Füßen der kommandieren-
den Führungsperson.

ST: »Na, jetzt ist mir doch alles klar. Wir wundern uns da
noch über den hohen Ausschuss und telefonieren mit unseren Lieferanten, dabei liegt es an eurer schlampigen Arbeits-
einstellung. Wisst ihr eigentlich, was hier los ist? Wir brauchen jeden Scheinwerfer, sonst steht hier wieder alles still.«
   LA: »Entschuldigung, das ist mir wirklich noch nie passiert.«
   ST: »Das sagt jeder. Nein, das kann ich nicht durchgehen
lassen. Ihr nehmt euch jetzt alle gemeinsam noch einmal die
aussortierte Ware vor. Ist das klar!«
   In diesem Moment kommt auch unser Schichtführer hinzu
und erkundigt sich nach den Vorkommnissen. Statt dem
Leiharbeiter den Rücken zu stärken, verbündet dieser sich
sofort mit dem Schlipsträger. Nach einem kurzen Gespräch
der beiden lässt er uns zum Appell antreten.
   SF: »Jungs, so geht das nicht! Ihr müsst euch mehr auf die
Arbeit konzentrieren, sonst können wir gerne auf euch verzichten. Ich gebe euch aber noch eine Chance, das wieder-
gutzumachen. Ihr nehmt euch jetzt alle NOK-Teile vor und
kontrolliert sie noch mal. Die Stunden kann ich euch dafür
allerdings nicht aufschreiben!«
   »Was haben wir denn genau falsch gemacht?«, frage ich.
   SF: »Es sind einfach zu viele Teile nicht in Ordnung und
wir brauchen diese dringend in der Produktion. Also, guckt
noch mal genau und wenn ihr wegen einem kleinen Riss den
Scheinwerfer aussortiert habt, dann lasst doch einfach fünfe
mal grade sein. Verstanden?!«
   »Natürlich, jetzt habe ich verstanden!«

In nur einer Stunde ist die Arbeit erledigt. Mit dem vorgegebenen Ergebnis, dass nahezu alle Scheinwerfer plötzlich in
Ordnung sind. Sichtbar erleichtert verabschiedet sich der

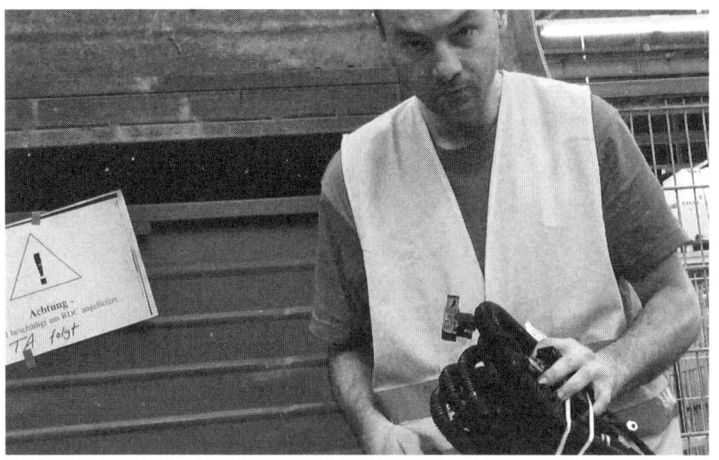

Meine Aufgabe: Testen von Kabelsträngen aus Ungarn

Schlipsträger mit den Worten »Seht ihr – geht doch. Man muss nur richtig motiviert sein!«

Nach diesem Ereignis verkommt unsere Tätigkeit zur Farce. Keiner der Kollegen legt mehr die vorgegebenen Prüfkriterien seiner Arbeit zugrunde. Es wird nur noch darauf geachtet, die Ausschussquote so gering wie möglich zu halten, um weiteren Ärger mit den Vorgesetzten zu vermeiden. Denn jedes noch so kleine Problem kann hier jederzeit den eigenen Kopf kosten. Wen sollte es unter diesem Druck denn wirklich interessieren, ob Scheinwerfer eingebaut sind, die winzige Risse haben? Hauptsache, die Produktion wird bedient, denn von hier hat man den einzigen Ärger zu erwarten. Warum für ein mickriges Gehalt auch noch Probleme riskieren? Nein, spätestens ab diesem Zeitpunkt tendiert die Motivation zur Qualitätsarbeit bei fast allen gegen Null. Zeitweise markieren wir in stressigen Phasen die Kisten, ohne auch nur einen Scheinwerfer in die Hand zu nehmen, als ›o. k. geprüft‹.
    Neben der Überprüfung von Leuchten aus China kommen

nahezu täglich neue Qualitätschecks hinzu. Heute sind es in erster Linie einfache Metall-Leisten aus Polen und Kabelstränge aus Ungarn, die beim Einbau am Band große Probleme bewirken. Von zu eng produzierten Steckern bis hin zu Kabelbrüchen werden Mängel festgestellt. Zubehörteile aus der ganzen Welt erreichen »just in time« das Werk in Rüsselsheim und lassen somit kaum Zeit, die Waren vernünftig zu kontrollieren. Dabei können Scheinwerfer aus China oder Kabelstränge, die nicht nur aus Ungarn, sondern auch aus Bulgarien geliefert werden, erhebliche Qualitätsprobleme mit sich bringen. Egal, hier unterliegt alles dem vorgegebenen Zeittakt der Massenproduktion am Band. Es ist schon recht seltsam, zu sehen, dass gerade die zu Recht kritisierte Auslagerung von Produktionsteilen in Billiglohnländer wie China, Ungarn oder auch Bulgarien zur Schaffung unserer Arbeitsplätze geführt hat: Reklamationsannahme und Qualitätskontrolle. Doch die Art und Weise, in der wir unsere Arbeit auszuführen haben, verhindern, dass sie ihren Zweck und Sinn erfüllen kann. Hinzu kommt: Die durch erhebliche Kostenreduzierung im deutschen Lohnsektor und die Verlagerung von Produktionsteilen in Billiglohnländer erreichte kurzfristige Gewinnmaximierung führt in diesem Werk zu einer Spaltung der Stammbelegschaft. Noch vor wenigen Jahren hätten allein der Stolz und die Identifikation mit dem Endprodukt der wahren Opelaner verhindert, dass Automobile solcher »Qualität« das Werk verlassen. So ging in den letzten Jahren mit jedem einzelnen ausgelagerten Bereich auch die Ehre der Opelaner mehr und mehr verloren!

Der Wanderarbeiter zieht weiter ...

Wie bereits vermutet, reduzieren sich meine Einsätze von Woche zu Woche, und die neuen Mitarbeiter von Formel D haben einen festen Schichtplan. So ist deren Leben im Gegensatz zu meinem nicht nur zeitlich, sondern auch finanziell planbar. Für mich bleibt nur die bittere Erkenntnis, mit den bisher erreichten Arbeitsstunden nicht einmal den Betrag der sogenannten Grundsicherung erwirtschaftet zu haben. Statt einer Erleichterung, durch die Arbeit nicht mehr von den sozialen Kassen abhängig zu sein, wächst die Angst, die monatlichen Kosten für Miete, Nahrungsmittel und Telefon nicht begleichen zu können.

In tiefer Verzweiflung setze ich mich erneut mit der ARGE in Verbindung. Zu meiner Überraschung ist die Reaktion meines Beraters bei der Schilderung des Problems doch sehr gelassen:

B: »Machen Sie sich da mal keine Sorgen. Sie haben doch die Möglichkeit, aufzustocken.«

»Entschuldigung – was bedeutet das?«

B: »Nach SGB II können Sie bei uns einen Antrag stellen, Ihre Bezüge auf das Niveau von Hartz IV aufzustocken. Bei Bedarf zahlen wir Ihnen also beispielsweise die Miete.«

»Was muss ich dafür tun?«

B: »Ganz einfach. Es ist im Prinzip das gleiche Verfahren wie beim Hartz-IV-Antrag. Das heißt, dass Sie durch Vorlage Ihrer Kontoauszüge und Lohnabrechnung ihre Bedürftigkeit nachweisen müssen. Und bei Bedarf zahlen wir dann auch.«

»Ich soll mich Ihnen also trotz diverser Jobs wieder einmal vollständig offenbaren. Dabei war ich froh, mich durch die Arbeit davon befreit zu haben. Ist das nicht würdelos?«

B: »Seien Sie doch froh, dass Ihnen der Staat hilft!«

»Ich bin der Meinung, dass Sie mit solchen Maßnahmen eher die Niedriglohnpolitik der Industrie unterstützen. Offen gesagt handelt es sich dabei doch ganz klar um einen Kombilohn. Damit spielt der Stundenlohn gar keine Rolle mehr.«

B: »Versteh ich nicht ganz. Wie meinen Sie das?«

»Ja, es ist doch egal, wie viel Stunden ich für welchen Lohn arbeite, letztlich gleicht der Staat den fehlenden Rest aus. Da wird mir doch klar, warum bei Opel immer mehr tarifliche Entlohnung durch uns Billiglöhner ersetzt wird. Das spart enorm an Kosten und erhöht somit die Milliardengewinne. Damit subventionieren wir alle auf Kosten der tariflichen Bezahlung noch die Konzerne. Das ist doch Industriepolitik auf Kosten der Arbeiter, aber was sollte man bei dem Namensgeber auch anderes erwarten …«

B: » Wenn Ihnen das nicht passt, können Sie kündigen.«

» Sie wissen doch ganz genau, dass ich dann eine dreimonatige Sperre bekomme. Dieses Kündigungsrecht bleibt mir als Hartz-IV-Empfänger leider verwehrt und stärkt somit weiter die Industrie. Ich empfinde das als höchst entwürdigend. Letztendlich bleibt mir nur die Wahl zwischen Pest und Cholera, oder zu Ihrem Verständnis bewege ich mich im Teufelskreis Hartz IV und Billiglohn – und das ohne Perspektive!«

Meine Gefühle sind nach diesem Gespräch wieder einmal zwiegespalten. Auf der einen Seite bin ich zwar beruhigt, dass meine Verbindlichkeiten gegenüber dem Vermieter aus öffentlicher Hand gezahlt werden. Doch dass weder mein Arbeitgeber Aris noch die Auftraggeber Opel und Formel D dafür in Anspruch genommen wurden, ist mir völlig unverständlich. So wird letztendlich das Risiko für jeden Ausfalltag von der Solidargemeinschaft – also uns allen – getragen. Gleichzeitig wird mir klar, dass ich mein Ziel, bei Opel durch eigene Arbeit von der staatlichen Unterstützung loszukommen, nicht erreichen kann – so sehr ich mich auch darum bemühe.

Nach diesen Erfahrungen bin ich mir allerdings sicher, dass der Opel-Konzern mit seiner Niedriglohnpolitik längst dabei ist, am eigenen Ast zu sägen. Denn das Management hat – geblendet von kurzfristigen Gewinnen – übersehen, dass sich nur Menschen, welche für ihre Arbeit einen gerechten und angemessenen Lohn erhalten, sich auch einen Opel leisten können. Bei einer nachhaltigen Unternehmenspolitik muss doch im gut bezahlten Managementbereich längst die Erkenntnis gewachsen sein, dass mit jedem Billiglöhner ein potentieller Kunde verloren geht. Und nicht nur das!

In früheren Zeiten identifizierte sich noch jeder Mitarbeiter im Werk mit dem Endprodukt. Durch die fortschreitende Lohnspaltung ist diese Loyalität zum Arbeitgeber auf der Strecke geblieben. Die Folgen dieser Firmenpolitik zeigen sich bereits heute. So kämpft das Werk schon längst mit erheblichen Absatz- und Qualitätsproblemen, mit Rabatten bis zu 20 Prozent auf einen Neuwagen wirbt man um jeden einzelnen Kunden. Dabei befindet man sich durch die verfehlte Lohnpolitik längst in einem selbst geschaffenen Kreislauf, welcher automatisch die Absatzpreise nach unten zieht. Der Konzern versucht, dieser Entwicklung mit einem gigantischen Werbe-Etat entgegenzuwirken. Ohne dabei allerdings zu beachten, dass jeder zufriedene Arbeitnehmer der beste Werbeträger für das Unternehmen ist: ein Botschafter, der positive Nachrichten nach außen trägt. Doch dies gehört in dem Traditionswerk von Opel längst der Vergangenheit an. Das, nach Firmenangaben, modernste Automobilwerk der Welt ist durch die stetigen Auslagerungen bereits in seine Einzelteile zerlegt und in sich gespalten. Die Namen der Gründer Fritz und Wilhelm Opel sind nur noch für die Firmenfolklore wichtig. Sie sind das Etikett, das Tradition und Werte suggerieren soll. Das heißt: Wo heute Opel draufsteht, ist längst nicht mehr nur Opel drin.

Nach meinen Erfahrungen im Werk und der kargen Entlohnung ist es für mich an der Zeit, einen neuen Job zu finden. Ich aktiviere mein Bewerberprofil im Internet und reihe mich somit wieder in die unendlich erscheinende Schlange derer ein, die nicht weit von einer Existenz als Tagelöhner entfernt sind. Allzeit bereit, in welcher Stadt auch immer, für jeden Arbeitgeber jede mögliche Arbeit anzunehmen.

Mit großer Spannung erwarte ich wieder den Anruf eines neuen Auftraggebers. Wer würde es wohl diesmal sein, und ließe sich von dieser Arbeit wenigstens leben? Fragen, die sich jedem Wanderarbeiter stellen, bevor er loszieht.

Bei Bayer im Job aktiv

Wenige Tage später sitze ich bereits im Zug Richtung Bundeshauptstadt. Der gute Tipp eines Leiharbeiterkollegen brachte den erhofften Erfolg. Per Email erhielt ich vom Stellenwerk folgendes Inserat:

Zum nächstmöglichen Zeitpunkt suchen wir einen:

Helfer/in

Wir bieten:
Jobactive-Mitarbeiter sind schon heute fester Bestandteil der Personalplanung unserer langjährigen Kunden. Nutzen Sie Ihre Chance, in unseren Kundenunternehmen auf sich aufmerksam zu machen und von Ihren Leistungen zu überzeugen.

Wir suchen:
Im Rahmen der Arbeitnehmerüberlassung für einen renommierten Kunden in Berlin schnellstmöglich einen Produktionshelfer.

Ihre wichtigsten Aufgaben:
Verschiedene Tätigkeiten im Bereich Fertigung und Produktion
Allgemeine Lagertätigkeit
Maschinenbedienung
Sortier- und Verpackungsarbeiten

Ihr Profil:
Erfahrung im Produktionsbereich wünschenswert
Schichtbereitschaft
Zuverlässigkeit
Selbstständige und genaue Arbeitsweise
Hohe Einsatzbereitschaft
Körperliche Belastbarkeit

Ausübungsort:	Berlin
Frühester Eintrittstermin:	sofort
Vertragsart:	unbefristet
Lohn:	nv

Quellen: www.Vermittlungswerk.de

Bayer Job@ctive ist ein Tochterunternehmen der Bayer Business Services GmbH und ging Anfang 2001 aus der ehemaligen Personalbeschaffung und dem Mitarbeiter-Poolmanagement des Bayer Weltkonzerns hervor. Das Unternehmen sieht sich selbst als kompetenter Berater in den verschiedensten Bereichen des Personalmanagements. Im Bereich der Arbeitnehmerüberlassung bietet man vor allem dem Mutterkonzern die ideale Möglichkeit, schnell und kostengünstig auf einen Pool von Leiharbeitern kurzfristig und flexibel zuzugreifen. Damit ist der Konzern gegenüber Opel bereits einige Schritte voraus. Hier hat man recht frühzeitig die Entwicklung auf dem Arbeitsmarkt durch die neuen Möglichkeiten der Überlassung erkannt – und reagiert. Anstatt das Geschäft mit der Leiharbeit Fremdfirmen wie Adecco oder Randstad zu überlassen, hat Bayer kurzerhand selbst ein Unternehmen dieser Art gegründet. Dieses hat dann in Form eines Mitarbeiterpools Zugriff auf sämtliches im Konzern qualifiziertes Personal aus verschiedenen Berufssparten. Seinen Hauptsitz hat Bayer Job@ctive in Leverkusen, wo man nach eigenen Angaben in den letzten Jahren sehr erfolgreich an der Optimierung von Personal- und Administrationskosten gearbeitet hat.

Nach der Übernahme der Schering AG Berlin im Jahre 2006 durch den Mutterkonzern war es nur eine Frage der Zeit, bis auch die Tochtergesellschaft ihre erfolgreiche Arbeit in Berlin aufnimmt.

Job@ctive unterstützt Bayer Schering Pharma

In der Eckpunkte-Vereinbarung zu den beabsichtigten Personalanpassungen in der Berliner Zentrale wird die Einrichtung eines Jobcenters ausdrücklich als wesentliche Maßnahme zur sozialverträglichen Bewältigung des Personalabbaus genannt.

Jetzt steht fest: Nach Abschluss der Gespräche mit dem Betriebsrat wird das JobCenter Bayer Schering Pharma Mitte Juni seine Arbeit aufnehmen, im Vorfeld laufen für Mitarbeiter, deren Arbeitsplatz bereits weggefallen ist, erste Maßnahmen.

> Job@ctive ist der interne Personaldienstleister von Bayer, der seit vielen Jahren mit der Personalvermittlung innerhalb des Konzerns betraut ist und ebenso auf dem externen Arbeitsmarkt agiert. Das Job@ctive-Kundencenter vor Ort wird sich ausdrücklich um zeitlich befristete oder unbefristete Einsatzmöglichkeiten auch außerhalb von Bayer Schering Pharma kümmern. Der Vorteil von Job@ctive ist dabei der unmittelbare Zugriff auf sämtliche offene Personalanforderungen aus dem Konzern in Deutschland sowie ein großes externes Netzwerk.
>
> Quelle: www.jobcenter24h.de

Innerhalb des Unternehmens stellt man die Arbeit also als sozialverträgliche Bewältigung des Personalabbaus da. Mir stellt sich dabei allerdings die Frage: Warum sucht der Konzern bereits wenige Wochen nach der Eröffnung in Berlin über das Vermittlungswerk dringend nach externen Produktionshelfern?

Das Bürogebäude von Job@ctive befindet sich in der Gerichtstraße 27 in einem Komplex der Bayer Schering Pharma. Ein Manager empfängt mich recht freundlich und führt mich in einen großen Besprechungsraum. Auf dem runden Tisch liegen bereits die üblichen Bewerbungsunterlagen, mit denen mich der junge Mann erst einmal allein lässt. Nachdem ich die allgemeinen Angaben über Person und Fähigkeiten ausgefüllt und der Manager Lebenslauf sowie Arbeitszeugnisse kopiert hat, setzt er sich zu mir.

G: »Wir suchen für die Bayer Schering Pharma hier in Berlin noch einige Produktionshelfer im Mehrschichtbetrieb. Können Sie sich vorstellen, diese anspruchsvolle Tätigkeit auszuführen?«

»Selbstverständlich. Wann soll es denn losgehen?«

G: »So schnell wie nur eben möglich. Wir brauchen dringend Unterstützung, es ist wirklich Not am Mann. Ab wann können Sie denn anfangen?«

»Ich sag es Ihnen ganz ehrlich: Meine finanzielle Situation ist mehr als angespannt und daher könnte es von mir aus heute schon losgehen.«

G: »Gut, so schnell wird das allerdings nicht gehen. Zunächst werden wir Ihre Bewerbungsunterlagen in die Zentrale nach Leverkusen weiterleiten. Dann werden Sie in den Mitarbeiterpool aufgenommen, und erst wenn diese Formalitäten erledigt sind, können Sie mit einem Einsatz rechnen.«

»Wie lange wird das dauern?«

G: »In der Regel eine Woche. Sie müssen dann nur noch zu einem Vorstellungsgespräch ins Werk. Doch das wird kein Problem sein, denn die brauchen jeden Mann. Wenn also alles gut läuft, sind Sie spätestens in zehn Tagen am Arbeiten.«

»So weit, so gut. Über ein wichtiges Thema haben wir allerdings noch nicht gesprochen. Was kann ich bei der Arbeit verdienen?«

G: »Darüber reden wir im Detail, wenn es wirklich so weit kommt. Vorweg kann ich Sie allerdings beruhigen, denn wir zahlen nach dem zwischen dem Bundesverband Zeitarbeit und der Gewerkschaft DGB geschlossenen Tarifvertrag. Sobald der Termin für das Gespräch im Werk feststeht, rufe ich Sie an!«

Der Personalbedarf im Werk scheint wirklich dringend zu sein, denn bereits zwei Tage später folgt die Einladung zum Vorstellungsgespräch. Ich bin mittlerweile von Rüsselsheim nach Berlin umgezogen. Meine langjährigen Freunde aus der Ufa-Familie in Tempelhof bieten mir auf die Schnelle ein kleines, aber gemütliches Zimmer in ihrem Gästehaus an. Dabei ist nicht allein der geringe Mietpreis, sondern auch die direkte Anbindung durch öffentliche Verkehrsmittel ans Werk entscheidend. So ist es für mich möglich, in nur 20 Minuten von der Wohnung zur Arbeit zu kommen. Dies sollte sich gerade bei den stetig wechselnden Schichten auszahlen.

Doch bis jetzt ist mir der Job noch nicht sicher, und so stehe ich gemeinsam mit einer 45-jährigen blonden Frau und einem etwa fünf Jahre älteren korpulenten Mann etwas orientierungslos vor dem Pförtnerhäuschen. Nach der üblichen Passkontrolle wird uns schnell ein Besucherausweis ausgestellt, da unsere zukünftige Schichtleiterin bereits nervös auf uns wartet.

Nach einer kurzen Begrüßung führt der Weg weiter in einen langen, großen Bürokomplex. Von hier aus verwaltet das mittlere Management die Produktion und die Mitarbeiter. Die kleine, zierliche Schichtleiterin erklärt uns kurz, dass unser Vorstellungsgespräch einzeln stattfinden würde. Hierzu bringt sie uns in einen kleinen Besprechungsraum, in dem gerade einmal ein runder Tisch und vier Stühle Platz finden. Von hier werden wir dann einzeln zum persönlichen Gespräch gebeten.

Als Erster ist der korpulente Mann an der Reihe, der es bis hierher tatsächlich geschafft hat, ohne ein einziges Wort auszukommen. Bereits seine geduckte Körperhaltung und der gesenkte Blick zeigen, dass sein Selbstvertrauen in der letzten Zeit stark gelitten haben muss. Gemeinsam mit der jungen Schichtleiterin verlässt er den Raum, und noch bevor die Tür ins Schloss gefallen ist, wendet sich die blonde Frau in meine Richtung:

BF: »Wurdest du auch vom Arbeitsamt geschickt?«
»Nein, nicht direkt. Ich habe mich im Internet für die Stelle beworben.«
BF: »Oh, also freiwillig. Mich hat mein Fallmanager hier hingeschickt, ich muss mich auf die Stelle bewerben. Dabei

stehen meine Chancen nicht so schlecht, denn bis vor einem Jahr habe ich hier noch als Festangestellte in der Produktion gearbeitet.«

»Na, dann musst du dir doch keine Sorgen machen. Mit den Vorkenntnissen ist dir doch der Job so gut wie sicher.«

BF: »Das schon. Aber offen gesagt ist mir der angebotene Stundenlohn für die anspruchsvolle und anstrengende Schichtarbeit bei Weitem zu gering. Das reicht bei mir nicht einmal aus, um über die Hartz-IV-Bezüge zu kommen. Wieso sollte ich dann dafür noch 160 Stunden hart arbeiten?«

»Was hast du denn vorher als Festangestellte bekommen?«

BF: »Das waren netto gut 500 Euro mehr als bei diesem Angebot. Eine wirklich faire Bezahlung für die anstrengende Arbeit, von der ich auch recht angenehm leben konnte. Von dem jetzigen Lohn bleibt mir nicht einmal der lästige Gang zum Arbeitsamt erspart. Für mich ist das Ganze nur ein erheblicher Mehraufwand, der mir nicht einen Cent mehr als jetzt in der Tasche lässt.«

»Und was willst du tun?«

BF: »Ganz einfach. Allein durch meine abneigende Haltung werde ich denen gleich klar machen, dass ich doch nicht die Richtige bin. Ich lass denen keine Chance, mich zu diesem Hungerlohn einzustellen.«

»Und wie stellst du dir deine Zukunft vor? In dieser Stadt wirst du kaum eine Arbeit finden, die dir mehr bringt.«

BF: »Solange die Löhne unter Hartz IV liegen, bediene ich am Wochenende in einem Lokal. Natürlich bekomme ich hier das Geld direkt in die Hand und inklusive Trinkgeld bleibt mir weitaus mehr als bei dieser Arbeit. Da wäre ich doch bescheuert – oder nicht?«

In diesem Moment öffnet sich die Tür und die Schichtleiterin bittet die blonde 45-Jährige zum Gespräch. Es dauert gut eine halbe Stunde und als ich dann endlich an der Reihe bin, begegnet mir die Frau noch einmal kurz im Gang. Mit einem kurzen Lächeln und hochgestrecktem Daumen signalisiert sie mir, dass ihr Plan vollends aufgegangen ist.

In einem etwas größeren Besprechungsraum wartet bereits ein Vorgesetzter der Schichtleiterin. Auf dem Tisch liegen meine Bewerbungsunterlagen inklusive der Arbeitszeugnisse. In einem freundlichen und sehr offen geführten Gespräch macht er mir zu meiner Überraschung klar, dass er selbst ein Problem mit der viel zu geringen Bezahlung hat. Doch gerade nach der Übernahme durch Bayer wäre der Druck, in der Produktion Intensivkosten zu reduzieren, enorm hoch. So wurden in diesem Bereich aufgrund sogenannter Synergieeffekte im letzten Jahr massiv Arbeitsplätze abgebaut, obwohl nahezu alle Maschinen ausgelastet sind. Jetzt stünde er vor dem Problem, zwar genügend Arbeit anbieten zu können, doch das begrenzte Budget ließe keine tarifliche Bezahlung zu. Äußerst fair lässt er mir die Option offen, bei Wunsch für das Arbeitsamt eine schriftliche Absage auszustellen. Zu seiner Überraschung gebe ich ihm allerdings eine Zusage und zunächst scheint alles schnell und reibungslos über die Bühne zu gehen.

Noch auf dem kurzen Weg vom Werksausgang bis zur U-Bahn klingelt mein Telefon. Ich solle sofort im Büro von Bayer Job@ctive meinen Arbeitsvertrag unterzeichnen. Der junge, karrierebewusste Manager erwartet mich bereits, und auf dem großen Tisch liegt auch schon der fertige Vertrag bereit zur Unterschrift. Nur kurze Zeit später nimmt gegenüber ein neuer Kollege Platz, für den ebenfalls sämtliche Unterlagen vorbereitet sind. Im Gegensatz zu meiner Vita kann der 20-jährige Frank einen Beruf vorweisen. Vor Kurzem hat er eine Ausbildung zum Betonbauer abgeschlossen. Der ausgebildete Fachmann ist ebenfalls auf Empfehlung seines Fallmanagers hier.

Mit geschwellter Brust und dem sicheren Bewusstsein, hier zwei Menschen gefunden zu haben, auf deren Rücken sich ein glänzendes Geschäft machen lässt, gesellt sich der erfolgreiche Rekruteur zu uns.

R: »So, vor Ihnen liegt Ihr Arbeitsvertrag. Lesen Sie sich alles einmal in Ruhe durch und falls Sie Fragen haben, bin ich für Sie da.«

Die erste Frage stellt schon nach wenigen Sätzen mein junger Kollege.

F: »Entschuldigung, den Punkt 1.2 müssen Sie mir erklären. Hier steht, dass mein Einsatzgebiet nicht nur Deutschland, sondern gleich die ganze EU umfasst. Ich bin allerdings Berliner und möchte auch hier bleiben. Ist das möglich?«

G: »Wir sind ein Leiharbeitsunternehmen und da ist es üblich, an verschiedenen Standorten eingesetzt zu werden, damit müssen Sie sich schon anfreunden. Doch ich kann Sie in Ihrem Fall beruhigen. Hier geht es tatsächlich um einen festen Arbeitsplatz bei Bayer Schering in Berlin.«

Für mich ergibt sich die nächste Unklarheit in Punkt 2 des Vertrags.

»Ich kann hier auf Anhieb nicht erkennen, was ich in der Stunde verdiene?«

G: »Das ist in dem Tarifvertrag zwischen dem Bundesverband Zeitarbeit (BZA) und den Mitgliedsgewerkschaften des DGB geregelt. Wir können da einmal kurz reinschauen.«

Mit diesen Worten verschwindet er im Nebenbüro und legt mir kurz danach eine Broschüre des Entgelttarifvertrags BZA vor.

G: »Sehen Sie, und hier können wir den Stundensatz entnehmen. Das macht für Ihren Einsatz 6,24 brutto in der Stunde.«

»Wenn ich richtig sehe, müssten es doch eigentlich 7,38 brutto sein.«

G: »Oh, nein. Wir sind hier im ehemaligen Ostteil der Stadt, und somit gilt der Osttarif!«

»Interessant, dann ist die Hauptstadt tariflich gesehen immer noch geteilt, oder?«

G: »Wenn Sie das so sehen wollen – schon richtig.«

Frank hat sich in der Zwischenzeit bis zu Punkt 7 des Vertrags gekämpft und hier ergibt sich für ihn die nächste Frage an den schon etwas genervten Jungmanager.

F: »Hier steht, dass Sie jederzeit berechtigt sind, mich vom Einsatzort abzuberufen und wenn Sie wollen, an einem anderen Ort einzusetzen. Also muss ich doch Berlin verlassen – mach ich mit Sicherheit nicht!«

G: »Ich sag es Ihnen noch einmal ganz klar: Bei dieser Arbeitsstelle geht es um einen langfristigen Auftrag von Bayer Schering Berlin.«

Nachdem wir beide unsere Unterschrift unter den Vertrag gesetzt haben, ist dem ehrgeizigen Businessmann die Erleichterung deutlich anzusehen. In der Freude, zwei neue Leiharbeiter rekrutiert zu haben, drückt er uns noch beim Abschied eine Werbetasse von Job@ctive in die Hand. Es sollte das einzige, freiwillige Geschenk der Leihfirma bleiben.

Auf dem Weg zur U-Bahn stellt mir Frank völlig überraschend folgende Frage:

F: »Was meinst du, was wir im Monat mit der Schichtarbeit verdienen können?«

»Das hättest du besser eben fragen sollen, der hätte dir das genau beantworten können. Doch bei 977,45 Euro brutto bleibt da nicht viel hängen.«

F: »Da kommen doch noch die Zulagen für Nacht- und Wochenendschicht dazu. Also, da muss schon ein Tausender im Monat für mich herausspringen. Sonst kann ich mir weder Wohnung noch Auto leisten.«

»Na, dann lass dich mal überraschen!«

Durch meine Erfahrungen bei Opel und als im wahren Leben ausgebildeter Steuerfachmann ist mir natürlich klar, dass alle Zulagen oder sogenannten übertariflichen Lohnanteile für Leiharbeiter nicht gewährt werden. Diese bittere Wahrheit sollte Frank jedoch erst bei seiner ersten Monatsabrechnung erfahren. Bis zum ersten Arbeitstag im Werk von Bayer Schering sollte sich allerdings noch einiges ereignen.

Gesundheitsprüfung oder Bis in die Eingeweide

Eigentlich sollen wir an diesem Montag mit unserer Tätigkeit beginnen, doch eine Stunde vor dem geplanten Schichtbeginn erhalte ich einen Anruf von meinem Manager.

G: »Wir müssen leider umdisponieren. Bevor Sie anfangen, verlangt das Werk eine GMP- Sicherheitsüberprüfung *(einen Gesundheitscheck – Anm. d. Autors)*. Eigentlich wird diese immer im Werk von Bayer gemacht, doch für uns weigern sie sich, die Kosten zu übernehmen. Ich habe für Sie deshalb Mittwoch einen Termin beim TÜV gemacht.«

»Und wann kann ich dann mit der Arbeit beginnen?«

G: »Laut dem Sachverständigen liegen die Ergebnisse schon am Freitag vor. Wir müssen also die erste Seite Ihres Arbeitsvertrags austauschen.«

»Warum ist das notwendig?«

G: »Weil sich damit natürlich Ihr Einstellungsdatum um eine Woche verschiebt. Ist doch alles kein Problem, nur die erste Seite austauschen und ändern.«

»Was heißt: kein Problem? Wer kommt in dieser Woche für mein Einkommen auf? Ich habe mich natürlich bei der Agentur für Arbeit ordnungsgemäß in einen Job gemeldet. Von denen bekomme ich erst einmal gar nichts mehr!«

G: »Machen Sie sich keine Sorgen. Das arbeiten Sie doch locker wieder rein. Ein paar Sonderschichten und schon ist die Sache vergessen. Erledigen Sie zunächst den Test beim TÜV und dann kann es doch schon losgehen.«

»Ich meinte, dass eigentlich Bayer Job@ctive für die Zeit bezahlt. Laut unserer vertraglichen Vereinbarung bin ich seit dem heutigen Tag Ihr Mitarbeiter.«

G: »Ganz genau gesagt, sind Sie Leiharbeiter. Und wenn Sie den Vertrag richtig lesen, werden Sie je nach Auftragslage beschäftigt und auch vergütet. Zunächst dachten wir für Sie bereits ab heute einen Auftraggeber zu finden, dass hat sich nun mal auf nächste Woche verschoben. Für ein Leiharbeitsunternehmen eigentlich das tägliche Geschäft. Ich kann Ihr Problem auch verstehen, aber wenn wir den Einstellungstermin verschieben und den Vertrag ändern, können Sie sich doch das Geld für die Woche beim Arbeitsamt holen. Also, für alle Beteiligten eine faire Lösung – bis nächste Woche!«

Dieses Gespräch reicht aber noch nicht. Erst als ich Blut, Urin und auch eine Stuhlprobe abgebe und diese auf Unbedenklichkeit überprüft werden, ist der Weg frei, um bei Bayer im Job active zu werden.

Letzter Ausweg Schwarzarbeit

Noch sieben Tage! Ein Blick in mein Portemonnaie treibt mir die Tränen in die Augen und erinnert mich an meine bescheidenen Barmittel. Es muss sich etwas ändern, denn mit 4,36 Euro ist das Überleben bis zum Dienstantritt nicht gesichert.

Der Tipp des jungen Managers von Bayer Job@ctive war schlichtweg naiv. Wer die morgendlichen Warteschlangen vor der Filiale Tempelhof kennt, weiß, dass es nahezu unmöglich ist, hier einen Termin zu bekommen. Und selbst wenn dieser Geniestreich gelänge, bedeutet das nicht, direkt an Bargeld zu gelangen. Doch genau das ist es doch, was mir jetzt so dringlich fehlt. Was tun?

Bereits vor einigen Jahren lebte ich schon einmal in Tempel-hof und habe zum Glück den Kontakt zu meinen Freunden nicht verloren. Und wie es dann so ist: Ein Kumpel kennt einen anderen Kumpel, der rein zufällig einen Bekannten hat ... Dieser erhielt nun im Stadtteil Steglitz gemeinsam mit seinen Geschwistern das Haus aus dem Nachlass der Eltern. Für die Erbengemeinschaft zunächst einmal eine erhebliche Belastung, da einfach verglaste Fenster und eine fast schon antike Heizungsanlage ersetzt werden müssen. Kurzerhand werden erfahrene Handwerker gesucht, aber auch Hilfs-kräfte mit der richtigen Einstellung und der Bereitschaft, fest zuzupacken.

Das Angebot von sechs Euro pro Stunde ist sehr verlo-ckend und hat lediglich einen kleinen, aber nicht unerhebli-chen Haken: Es handelt sich um eine bei den Behörden nicht angemeldete Tätigkeit, im Volksmund auch Schwarzarbeit genannt, also um ein gesellschaftliches Phänomen, mit dem ganz offiziell natürlich noch niemand in Berührung gekom-men ist. Der öffentliche Umgang mit dieser Thematik erin-nert mich an die teilweise verlogen geführte Dopingdiskus-sion bei Leistungs- und Spitzensportlern. In beiden Fällen beugt man sich im Rahmen einer inoffiziellen Schattenwelt, in der, sobald nur das kleinste Licht aufleuchtet, sich alle Be-teiligten abwenden und ganz selbstverständlich behaupten, mit dieser Welt nicht das Geringste zu tun haben.

Im Gegensatz zu Dopingsündern habe ich jedoch keine Wahl: Mein knurrender Magen, der unerbittlich jeden Tag gefüllt werden möchte, übertönt aufkeimende Skrupel. Die kurze Fahrt nach Steglitz kommt mir vor wie eine Zeitreise zurück in die Zwanziger, als Bertolt Brecht in der *Dreigro-schenoper* schrieb: »Erst kommt das Fressen, dann die Mo-ral.« Im täglichen Kampf um bezahlte Beschäftigung fehlen mir inzwischen die Kraft und der Wille, mir auch noch Ge-danken über die Auswirkungen meines heutigen Tuns auf die sozialen Sicherungssysteme zu machen. Immerhin ertappe ich mich dabei, wenigstens kurz an die Gefahren der Schwarzarbeit zu denken. Dabei spielt die Angst, von den wenigen Zollfahndern erwischt zu werden, jedoch eine eher untergeordnete Rolle. Für mich steht die Problematik im Mittelpunkt, durch die Verschiebung des Arbeitsantritts bei Bayer Job@ctive für diese Woche nicht krankenversichert zu sein. Sollte mir während des Einsatzes etwas passieren, müsste ich für die finanziellen Forderungen selbst aufkommen.

Mein mittlerweile rumorender und laut nach Nahrung schreiender Magen lässt mich jedoch auch diese Gedanken schnell und erfolgreich verdrängen. Die belegten Brote in meiner Tasche rühre ich nicht an, denn ich werde sie später am Tag sicher noch viel dringender brauchen.

»Ohne diese Jobs würde ich längst am Hungertuch nagen«

So stehe ich also an diesem Morgen mit meinem Sicherheitsdenken und einem Blaumann bekleidet vor der Tür eines Einfamilienhauses in Berlin-Steglitz. Im Wohnzimmer sind bereits ein älterer Mann mit graumeliertem Haar und ein muskulöser Jüngling dabei, mit ohrenbetäubenden Bohrhämmern eine Wand zu durchbrechen. Ich habe die Aufgabe, den hieraus entstandenen Bauschutt über eine mit Planken überbrückte Schwelle der Terrassentür mit einer Schubkarre in den Garten zu befördern. Die durch den Abriss freigesetzten Staubpartikel werden von uns dreien förmlich aufgesogen, so dass innerhalb kürzester Zeit nicht nur unsere Arbeitskleidung, sondern auch Gesicht, Haare und Hände mit einer feinen, weißen Patina belegt sind. Besonders die Schleimhäute von Augen und Nase werden stark in Mitleidenschaft gezogen. Auf wichtige Arbeitsschutzmaßnahmen wie Feinstaubmaske, Plastikbrille oder Gehörschutz hat hier außer dem erfahrenen Handwerker keiner geachtet. Im Gegenteil: Unseren Auftraggeber interessiert nur, dass es schnell,

schnell, schnell geht. Er treibt uns zu einem aberwitzigen, nahezu unmenschlichen Arbeitstempo an, und gegen 12 Uhr ist von der massiven Betonwand bereits nichts mehr zu sehen.

Für die halbstündige Mittagspause stellen wir uns einen alten Holztisch in den Garten, um die selbst gemachten Brote an der frischen Luft genießen zu können. Im Gegensatz zu uns jungen Arbeitern, denen der Schweiß aus allen Poren rinnt, ist dem älteren Mann die Anstrengung kaum anzumerken. Gelassen nimmt er mit seiner Thermoskanne Platz, schenkt sich in aller Seelenruhe einen Kaffee ein und vergisst auch seine Kollegen dabei nicht.

ÄM: »Und Jungs, ganz schön anstrengend, was?«

»Das kann man wohl sagen, besonders der Staub macht mir zu schaffen.«

ÄM: »Darum musst du dich schon selbst kümmern. Ist wohl dein erster Einsatz im Bau?«

»Nicht direkt, doch bisher stellte mein Arbeitgeber immer alles Notwendige. Du scheinst ja mehr Erfahrung zu haben. Machst das wohl häufiger?«

ÄM: »Das kann man wohl sagen, obwohl die Arbeit mit meinen 67 Jahren mir nicht mehr ganz so leicht fällt. Doch da bleibt mir keine andere Wahl.«

»Wieso? Mit 67 ist man doch in unserem Land längst abgesicherter Rentner und im wohlverdienten Ruhestand.«

ÄM: »Darauf würde ich mich an deiner Stelle nicht verlassen. Als ich noch so alt war wie du und als Polier gearbeitet habe, dachte ich genauso. Mit 55 wollte dann mein Rücken die schwere Belastung nicht mehr tragen und mir blieb nur der Weg in die Frühverrentung. Durch die mehr als 15 Prozent Abzug bleiben mir heute noch 750 Euro pro Monat. Davon kannst du gerade noch die Miete und Nebenkosten bezahlen.«

»Da gibt es doch bestimmt die Möglichkeit, noch Zuschüsse vom Staat zu bekommen?«

ÄM: »Junge, bis zum heutigen Tag habe ich das Amt noch nicht gebraucht. Nun, da ist mein Stolz zu groß, um bei irgendeinem Beamten zu betteln. Ich fahr seither nebenbei Taxi und ab und an geht es immer noch auf den Bau. Ohne diese Jobs würde ich längst am Hungertuch nagen.«

»Und dass es sich hierbei um Schwarzarbeit handelt, macht dir keine Sorgen?«

ÄM: »Nicht im Geringsten. In der heutigen Zeit ist mehr denn je jeder auf sich allein gestellt. Meine finanziellen Sorgen interessieren niemanden, da bin ich doch mir selbst der Nächste. Also, mach dir keinen Kopf und freu dich über die Kohle!«

In den folgenden Tagen entwickelt sich zwischen dem alten Mann und mir eine Art Freundschaft, welche mir in der Zukunft immer wieder den Vorteil bringen wird, bei leerer Kasse an Arbeit zu kommen. Der Einsatz für die Erbengemeinschaft ist für mich allerdings nach vier Tagen beendet. Schließlich wartet die Schichtleiterin bei Bayer Schering dringlich auf meine Hilfe. Für die 40 geleisteten Arbeitsstunden erhalte ich vom Bauherrn genau 240 Euro bar auf die Hand und erfahre am eigenen Leib die Bedeutung des Sprichwortes, dass nur Bares Wahres ist. Es ist ein erhebendes Gefühl, mit dem hart erarbeiteten Geld endlich und nach langer Zeit wieder befreit Lebensmittel einkaufen zu können. Diese Empfindung blieb mir bei den bisherigen, angemeldeten Leih-Jobs immer verwehrt.

Als Erkenntnis dieser Woche bleibt, dass es für Hartz-IV-Empfänger und Rentner in unserem Land meist nur noch lohnenswert ist, ihr Einkommen durch Schwarzarbeit zu erzielen. Da ich ein überzeugtes Kind der sozialen Markwirtschaft bin, hinterlässt dies bei mir ein mulmiges Gefühl. Wie jeder weiß, werden dem öffentlich finanzierten Sicherungssystem mit jeder Arbeitsstunde dieser Art die Beiträge für Kranken-, Arbeitslosen- und Rentenversicherung entzogen.

Doch auch wenn Schwarzarbeit rechtswidrig und moralisch zweifelhaft ist sowie sozialversicherungspflichtige Jobs weiter gefährdet, bleibt vielen Menschen nichts anderes übrig. Sie ist oft nur der letzte Ausweg.

Bei Bayer Schering eingeschleust

Endlich sind mit der Gesundheitsüberprüfung alle Hürden genommen und die Spätschicht erwartet mich bereits. Das gigantische Werk im Herzen Berlins bietet mehr als 5500 Mitarbeitern einen Arbeitsplatz. Seit der Fusion mit dem Bayer-Konzern im Jahr 2006 firmiert es unter dem Namen Bayer Schering Pharma. Dabei konzentriert sich das Werk Berlin auf die Teilbereiche Diagnostische Bildgebung, Onkologie, Primary Care, Spezial-Therapeutika und Women's Healthcare. In diesen Bereichen erzielte Bayer Schering Pharma im Jahre 2007 einen Rekordumsatz von 10,267 Milliarden Euro. Als besonders erfolgreich erwies sich dabei die Sparte Women's Healthcare, die mit ihren Produkten für die Gesundheit von Frauen vor allem den nord- und südamerikanischen Markt beliefert. Ein Verkaufsschlager ist das weibliche Verhütungsmittel Jazz, mit dem das Unternehmen in den USA und Mexiko bisher eine jeweils führende Marktposition einnehmen konnte.

Eine Stunde vor Schichtbeginn erwartet mich die kleine, zierliche Schichtleiterin Diana vor Tor 30.

D: »Na, hat ja doch noch geklappt. Ich bin richtig erleichtert, dich jetzt im Namen unserer Kollegen begrüßen zu dürfen. Doch wir haben keine Zeit zu verlieren, du wirst schließlich sehnsüchtig erwartet. Zunächst brauchst du allerdings erst mal deinen Firmenausweis und die Arbeitskleidung. Ich würde vorschlagen, dass du dich einfach an meine Fersen hängst.«

In zügigem Tempo geht es zunächst durch endlos erscheinende Gänge, bis wir nach zehn Minuten und etwas außer Atem die Passkontrolle erreichen. Ein ebenfalls freundlicher Herr macht sehr routiniert mit einer Digitalkamera ein Foto und nahezu gleichzeitig beginnt der Farbdrucker mit seiner Arbeit. Der frisch ausgestellte Firmenausweis macht mich vom ersten Tag an zu einem Mitglied der Bayer Schering Familie und bedeutet nach den Erfahrungen bei Opel immerhin einen Aufstieg zum Leiharbeiter erster Klasse. Wenn das kein Erfolgserlebnis ist …

Ohne viel Zeit zu verlieren geht es direkt weiter zur Kleiderkammer. Hier sind allein vier Mitarbeiterinnen damit beschäftigt, in den mit Kitteln, Hosen und Schuhen gefüllten Regalen einigermaßen Überblick und Ordnung zu halten. Eine recht stämmige ältere Frau nimmt sich meiner an.

ÄF: »Bayer oder Schering?«

»Macht das denn einen Unterschied?«

ÄF: »Wir haben Kleidung mit Bayer- oder Scheringaufdruck. Für viele besteht hier schon noch ein Unterschied. Also, von wem?«

D: »Er ist Leiharbeiter.«

ÄF: »Ach, das hätte ich mir auch denken können.«

»Wieso, gibt es für uns eigene Kleidung?«

ÄF: »Ja, die unterscheidet sich in einem wesentlichen Punkt. Ihr habt keinen Aufdruck und seid so von jedem leicht auszumachen.«

Mit geübtem Blick scannt die erfahrene Mitarbeiterin meine Körpermaße und drückt mir je drei weiße Arbeitshosen und hellgrüne Kittel in die Hand. Dann verschwindet sie kurz in einem anderen Raum und besorgt mir die passenden Schuhe. Diana drückt dabei weiter aufs Tempo, denn das Werk ist weitläufig, wir haben noch einiges zu erledigen und die Spätschicht wartet bereits.

D: »So, ich muss dir jetzt noch kurz unser Schleusensicher-

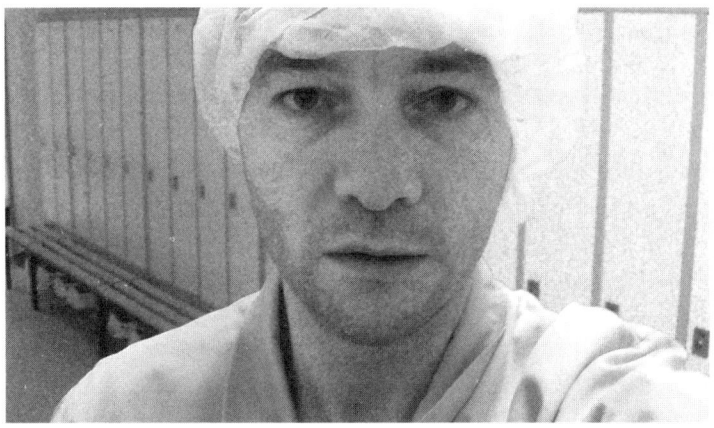

Im Schleusensicherheitssystem von Bayer Schering

heitssystem erklären. Die Produktion von Arzneimitteln unterliegt harten hygienischen Vorschriften, die penibel eingehalten werden müssen. So durchläufst du vor Schichtbeginn zunächst zwei Schleusen. Hier wird sichergestellt, dass du keine Bakterien von außen in den Produktionsbereich bringst. In der ersten Sicherheitszone wechselst du deine Straßenschuhe, durchläufst dann mit Badelatschen die erste Schleuse. Dann schließt du deine private Kleidung im vorgesehenen Spind ein. Nur mit Unterhose und Latschen geht es dann durch die zweite Schleuse. Hier geht es dann endlich in die Arbeitskleidung.«

»Das nimmt doch ganz schön Zeit in Anspruch. Ist wohl besser, vor der Schicht etwas früher da zu sein?«

D: »Die Maschine wird selbstverständlich pünktlich zum Schichtwechsel übergeben. Du brauchst vom Tor bis zum Arbeitsplatz gute 30 Minuten. Ich empfehle dir eine Dreiviertelstunde vorher da zu sein.«

»Gut, und wer zahlt mir diese Zeit?«

D: »Das musst du mit deinem Vorgesetzten klären. Dafür bin ich nicht zuständig und jetzt komm, wir müssen weiter.«

Mittlerweile habe ich ganz nach Vorschrift die ersten Schleusen passiert und Diana erwartet mich bereits am Eingang des Produktionsbereichs. Bevor ich diesen jedoch betreten darf, muss ich Arme und Hände desinfizieren. Jetzt fehlt nur noch die schicke Netzhaube als Kopfbedeckung. In dieser Montur, und da kann ich mir sicher sein, würden mich nicht einmal engste Familienangehörige wiedererkennen.

Endlich ist es so weit: Ich betrete die heiligen Produktionshallen von Bayer Schering! Mir eröffnet sich eine völlig neue Welt. Auf den ersten Blick sind drei riesige Maschinen zu erkennen, welche aufgrund des Schichtwechsels offenbar kurzfristig auf Leerlauf geschaltet sind. Am Kopf der jeweils gut zehn Meter langen Produktionskolosse befindet sich die Schaltzentrale. Mit neuester Computertechnik wird die Massenfertigung am Fließband von hier aus gesteuert. Hier laufen alle wichtigen Informationen zusammen, und so ist es selbstverständlich auch der Ort, an dem die Schicht übergeben wird.

M: »Hallo, du bist bestimmt der Neue. Schön, dass du endlich bei uns bist. Mein Name ist Mario und ich bin in den nächsten drei Monaten dein Coach. Solltest du irgendwelche Fragen haben, stehe ich dir jederzeit zur Verfügung.«

»Sorry, aber ich bin als Leiharbeiter beschäftigt, und bisher war es nicht üblich, mit meiner Tätigkeit über den Tag hinaus planen zu können. Du sprichst jetzt von allein drei Monaten Einarbeitungszeit. Bist du dir sicher, dass dies auch für uns Leiharbeiter gilt?«

M: »Klar, wir brauchen hier jeden Mann. Damit du dir keine Sorgen machen musst, habe ich hier schon einmal deinen Schichtplan für diesen und den nächsten Monat ausgedruckt. Du siehst also, dass du dich auf mich verlassen kannst.«

»Toll, vielen Dank. Du siehst schon, dass ich etwas verwundert bin, da wir Leiharbeiter eigentlich nur flexibel und auf begrenzte Zeit eingesetzt werden. Die Aussicht, bis zu drei Monate an ein und dem selben Arbeitsplatz zu sein, wird uns eher selten gewährt. Entspricht auch eigentlich nicht unserer Stellenbeschreibung.«

M: »Dann seid doch froh, dass es bei uns anders geregelt ist. Mir persönlich ist es auch egal, ob fest angestellt oder Leiharbeiter. Ich lege in meiner Schicht Wert auf Teamarbeit. Hier soll sich jeder auf den Kollegen verlassen können. Das ist wichtig, und jetzt ran an die Arbeit!«

In meiner ersten Schicht darf ich erst einmal nur im Bereich der Endabfertigung arbeiten. In regelmäßigem Abstand muss ich die Maschine mit Kartonagen füttern. Ein computergesteuerter Gelenkarm verpackt die Medikamente und schnürt die Einzelpäckchen dann zu einer Industriepalette zusammen. Das ist alles. Für die nächsten acht Stunden. Der anstrengende Teil dieser unendlich monotonen Tätigkeit besteht vor allem darin, wach zu bleiben und nicht im Halbschlaf mit dem Kopf vornüber auf die Maschine zu kippen. Außerdem gibt es keine Möglichkeit, sich einmal hinzusetzen. So schmerzen in den ersten Stunden Rücken und Beine doch sehr, und ich sehne mich nach der Ablösung durch die Kollegen der Nachtschicht.

Müde, aber sehr erleichtert erreiche ich am Ende dieses Tages mein kleines Zimmer und empfinde eine leise Genugtuung, dass es mir gelungen ist, im Megakonzern Bayer Schering Pharma unterzukommen.

Jede Pille zählt oder Die Maschine bestimmt den Takt

Am nächsten Tag folge ich zunächst der Empfehlung von Diana, mindestens 45 Minuten vor Schichtbeginn im Werk zu sein. Wie sich später herausstellt, wäre es mir sonst tatsächlich nicht möglich gewesen, pünktlich an meinem Platz zu erscheinen. Die investierte Zeit wird uns Leiharbeitern übrigens nicht entlohnt. Im Gegensatz zu den angestellten Kollegen, die sich bereits bei Betreten des Werks in das interne Zeiterfassungssystem einloggen, werden uns genau 7,5 Arbeitsstunden bezahlt. Allein damit spart die Firma Kosten für eine Stunde pro Tag je Leiharbeiter. Zudem wird die halbstündige Pause selbstverständlich auch nicht vergütet.

Mein Coach Mario nimmt sich in der heutigen Schicht die Zeit, mir das Wunderwerk der Technik, an dem ich arbeite, genauestens zu erklären. Es ist schon bemerkenswert zu sehen, wie sich der erfahrene Maschinenführer mit seiner Arbeit identifiziert. Bis ins kleinste Detail erklärt er mir stolz die einzelnen Funktionen und Schritte. Zudem zeigt er mir den sogenannten Primärbereich, den ich jedoch erst nach der Einarbeitungszeit betreten dürfe.

In diesem hermetisch abgetrennten Raum ist durch eine große Fensterscheibe eine Kollegin zu erkennen. Im Gegensatz zu uns trägt sie keine grüne, sondern eine blaue, spezielle Schutzkleidung. Zusätzlich ausgerüstet mit einem Mundschutz ist sie damit beschäftigt, der Maschine für die frisch hergestellten Pillen das Verpackungsmaterial – die sogenannten Blister – zuzuführen. Automatisch schweißt diese dann eine Monatsration der Antibabypille in den Kunststoffblister.

Nach amerikanischen Arbeitsschutzuntersuchungen aus dem Jahr 2004 kein ungefährliches Unterfangen. Dabei wurde festgestellt, dass sich während des Verpackungsprozesses feinste, mit bloßem Auge nicht erkennbare Partikel lösen. Dieser unsichtbare chemische Hormoncocktail kann durch die Schleimhäute in den Blutkreislauf eindringen. Welche Auswirkungen dies auf die Gesundheit der Arbeitskräfte hat, wurde bisher allerdings nicht konsequent erforscht. Gerade unter den männlichen Mitarbeitern gibt es darüber so einige Gerüchte. Überwiegend werden in diesem Bereich Frauen eingesetzt, mit der Argumentation, dass sich deren

Körper im Zuge der gewohnten Eigenmedikation im Laufe der Jahre mit dieser Hormonbelastung arrangiert hätten. Interessante Theorie. Demnach müsste es in dieser Firma für Frauen zumindest ein Wettbewerbsvorteil sein, wenn sie mit der Pille verhüten.

Aus dem abgeschirmten Raum werden die frisch verpackten Medikamente dann durch eine Sicherheitsschleuse über ein Förderband in unsere Halle transportiert. Hier werden sie von einem weiteren Kollegen in Empfang genommen. Dieser sorgt dafür, dass dem Band durch einen Schacht die benötigten Etuis in Masse zugeführt werden. Schließlich durchläuft der Blister gemeinsam mit dem Etui eine Lichtschranke. Gleichzeitig führt der nächste Arbeiter durch einen gegenüberliegenden Schacht die Packungsbeilage hinzu. Mehrere computergesteuerte Gelenkarme schieben dann, wie von Geisterhand, die drei Komponenten zusammen und bereiten diese für den folgenden Arbeitsschritt vor. Dem mittlerweile vierten Maschinenbediener kommt die Aufgabe zu, dem Ganzen jetzt die kleinen Monatsverpackungen zuzuführen. Weitere Gelenkarme schieben Blister, Etui und Packungsbeilage in die automatisch gefaltete Verpackung. Eine am Fließband fest montierte Digitalwaage misst nun das vorgegebene Idealgewicht der Einheit. Bei einer möglichen Unterschreitung dieser Vorgabe wird das Band automatisch ausgeschaltet. Dies geschieht durch den unmenschlich hohen Arbeitstakt der Maschine relativ häufig. Die korrekten Einheiten werden derweil vom Förderband zum nächsten Arbeitsplatz transportiert. Hier verpackt der nächste Gelenkarm automatisch sechs Einheiten in eine Großpackung, welche von dem Kollegen zugeführt wird. Und schon geht es weiter zum letzten Arbeitsschritt, bei dem die Großverpackungen zu jeweils acht Einheiten in einen Karton gepackt werden. Es ist schon beeindruckend zu sehen, wie diese Maschine in der Lage ist, die einzelnen und kompliziertesten Schritte in Windeseile auszuführen. Das Wunderwerk deutscher Ingenieurskunst sichert dabei allein sechs Personen pro Schicht einen festen Arbeitsplatz.

Doch das ist nur der theoretische Produktionsablauf. In der Praxis versagt die hochsensible Technik mehrfach und der gekonnte Eingriff von Hand hält die Produktion am Laufen und sichert die Qualität des Produktes. Es ist genau dieses Wissen über die Schwachstellen und deren Beseitigung, die diese Arbeit gegenüber den üblichen Hilfstätigkeiten so anspruchsvoll macht.

M: »So, jetzt hast du erst einmal einen groben Überblick über unseren Arbeitsbereich. In der ersten Woche wirst du an jedem Platz eingearbeitet. Jetzt zeige ich dir noch die lästige Dokumentation am Computer.«

»Gut, ich hätte da zunächst aber noch eine Frage. Was geschieht eigentlich, wenn ich den Fehler der Maschine nicht selbst beheben kann?«

M: »Stimmt, das gelingt uns wirklich nicht immer. Hierfür stehen uns allerdings unsere Betriebstechniker zur Verfügung. Solltest du innerhalb weniger Minuten das Band nicht zum Laufen bringen, werden die automatisch informiert.«

»Schön zu wissen. Das beruhigt mich doch sehr. Ich möchte schließlich nicht durch meine Unerfahrenheit den Ablauf stören.«

M: »Mach dir da keine Sorgen, wir sind schließlich auch noch da. Jetzt komm, setz dich zu mir an den PC. Hier müssen wir über jede einzelne Pille Buch führen.«

»Und das gehört auch noch zu meinem Arbeitsbereich? Geht das nicht über eine Hilfstätigkeit hinaus?«

M: »Das ganz bestimmt. Nicht ohne Grund stehe ich dir in den ersten drei Monaten als Coach zur Seite. Wir brauchen nicht nur flexible und verantwortungsbewusste, sondern auch intelligente und mitdenkende Kollegen. Spätestens nach der Einarbeitungszeit übernimmst du nahezu die gleiche Verantwortung wie wir. Denn wenn hier tatsächlich nur eine einzige Pille verloren geht, ist die Hölle los!«

Ich gehe davon aus, dass ich trotz der bald höheren Verantwortung nicht mehr Gehalt sehen werde. In der heutigen Schicht übernehme ich zunächst den Posten am Zuführungsschacht für die Verpackungsbeilage. Ein Lagerist hat mir hierfür bereits eine Palette frisch gedruckter Beilagen neben meinen Arbeitsplatz gestellt. Meine Aufgabe besteht nun darin, diese von den Kartonagen in Plastikschächte umzupacken. Im Sekundentakt zieht sich die Maschine dann die benötigten Beilagen automatisch heraus. Nach nur einer Stunde ist mein Arbeitskittel schweißdurchtränkt. Bei der ersten Betrachtung hatte ich den enormen Hunger der gefräßigen Maschine ganz schön unterschätzt. Doch das nimmersatte Monster hat eine entscheidende Schwachstelle: Es kann die Beilagen nur dann weiterverarbeiten, wenn ich ihm diese, sozusagen mundgerecht, zuführe. Genauer gesagt: Die Lichtschranke ist nur in der Lage, die Beilagen auch als diese zu erkennen, wenn sie mit dem Barcode nach oben rechts in die Maschine eingeführt werden. Jede andere Richtung hat sofortigen Stillstand zur Folge – und damit eine kurze Pause.

Ich bin sehr erleichtert, als gegen 22 Uhr der Kollege der Nachtschicht meinen Dienst übernimmt. Auf dem Weg zur Wohnung gehen mir noch einmal kurz meine Erlebnisse in der Altenpflege durch den Kopf, die ich in meinem Buch *Abgezockt und totgepflegt* zusammengefasst habe. Und mir kommt der Gedanke, um wie viel besser die Situation in den Heimen wäre, wenn sich wie an dieser Maschine sechs Pflegekräfte um einen pflegebedürftigen Menschen kümmern könnten. Doch dieser Wunsch erscheint mir als nahezu utopisch.

Die hohe körperliche Belastung durch das ständige Stehen und das neue Vier-Schichten-System sorgen für tägliche Krankmeldungen bei den Kollegen. Es sind gerade die ständigen Wechsel von Früh- auf Spät- zur Nachtschicht, die bereits nach einer Woche den Biorhythmus komplett durcheinanderbringen. Dies führt dazu, dass Kollegen selbst zum Spätdienst verschlafen und erst Stunden später im Werk erscheinen.

Das Neonlicht und das konstante Klima in der großen Produktionshalle tragen zusätzlich dazu bei, das Gefühl für Tag und Nacht, Raum und Zeit vollkommen zu verlieren. Das bedeutet auch, dass man nicht mehr zwischen Leistungsfähigkeit und Ruhephase unterscheiden kann. Man fühlt sich nur ständig müde und gerädert. Gleichzeitig kann das Immunsystem angegriffen werden.

Den Klingelton meines Telefons muss ich bereits mehrfach überhört haben, als ich gegen 22.30 Uhr durch das nervig laute Klingeln aus dem Schlaf gerissen werde. Es ist Mario, der bereits etwas unruhig auf meinen sofortigen Dienstantritt pocht. Verwirrt und orientierungslos tappe ich durch die Wohnung, finde schließlich das Bad und nehme erst einmal eine kurze eiskalte Dusche. Dann schnell in die Küche, noch einen überlebenswichtigen starken Kaffee aufgebrüht, währenddessen in Windeseile noch ein paar Brote mit Käse belegt – und auf zur U-Bahn.

Ich muss schon zugeben, dass ich bestimmt kein Freund der Nachtschicht bin. Gerade so ab zwei Uhr morgens hat man das Gefühl, jede Minute zöge sich wie Kaugummi unendlich lang. Der ewig gleiche Geräuschpegel der Maschinen und der monotone Arbeitsablauf geben einem den Rest. In den folgenden zwei Stunden entwickelt sich ein stetiger Kampf zwischen Schlaf und Uhr. Erst gegen vier Uhr schaffe ich es durch unnachgiebigen Willen, wach zu bleiben und die Müdigkeit zu besiegen. Dieser »Hallo-Wach-Effekt« hält dann aber leider auch noch bis zu drei Stunden nach dem Dienst an. In dieser Zeit kämpft ein müder, erschlaffter Körper gegen einen hellwachen Kopf. Diese Wechselschichten zerstören nach und nach das innere Zeitgefühl und lassen die natürliche Orientierung an Raum und Tag und Nacht vollkommen vergessen. Man wird wach in seinem Bett und weiß nicht, wo man ist. Die zweistündige Verspätung erleichtert die heutige Nachtschicht daher enorm, insbesondere die verkürzte Zeit bis zur ewig ersehnten Pause lässt die Zeit wie im Fluge vergehen.

Im Gegensatz zu Opel stellt Bayer Schering den Mitarbeitern der Nachtschicht ein kostenloses Essen zur Verfügung. Hierbei wird von der üblichen Unterscheidung zwischen Werks- und Leiharbeitern großzügig abgesehen. Auch bei der Vergabe von kostenlosem Tee für alle Mitarbeiter zeigt der Konzern sich von seiner großzügigen Seite. Einzig die aufgestellten Kaffeeautomaten unterscheiden noch zwischen Bayer Schering und den übrigen Kollegen. Statt für eine frisch gebrühte Tasse 20 Cent, zahlen wir Leiharbeiter mit 90 Cent mehr als das Vierfache. Der einzig sichtbare Unterschied zeigt sich in diesem Werk, wie auch in vielen anderen, durch die verschiedenartige Kleiderordnung.

In der großen Kantine des Werks ist das Rauchen noch erlaubt, und die bräunlich gelb gefärbte Decke ist Indiz für den starken Nikotinkonsum. Hier sind die Machtverhältnisse klar geregelt. Für die wenigen Nichtraucher hat man ein Separee in Form eines Glaskastens erstellt. Verwaist sitzen dort in jeder Pause nur wenige Kollegen. Der rauchende Rest unterliegt einer internen Sitzordnung. Jedes einzelne Produktionsteam hat seinen zugewiesenen Tisch. Die Gespräche unter den Kollegen fokussieren sich in der Regel auf den Arbeitsbereich. Im Vordergrund steht hierbei der Austausch über die erreichte Stückzahl und die häufigen Standzeiten der verschiedenen Maschinen. Dabei wird deutlich, dass sich die ehemaligen Schering-Mitarbeiter mit dem Werk und seinen Produkten ganz besonders identifizieren. Mein Coach Mario, immerhin seit mehr als zehn Jahren in diesem Werk, ist einer dieser »Überzeugungstäter«. Doch auch seine scheinbar bedingungslose Loyalität hat bereits tiefe Risse erfahren. Nachdem er sein Essen innerhalb kürzester Zeit verschlungen hat, ist die Zeit reif für einige offene Fragen.

»Entschuldige, mir ist in den ersten Tagen aufgefallen, dass mein Arbeitskittel zwar ein Feld für meinen Namen hat, im Gegensatz zu euch allerdings keiner aufgedruckt ist. Was hat das zu bedeuten?«

M: »Ganz einfach. Die Hierarchie in unserem Werk wird deutlich an der Arbeitskleidung festgemacht. Da drüben in der Ecke sitzen unsere ›Weißkittel‹. Jeder, der einen solchen Kittel trägt, hat hier das Sagen. Danach kommen wir Werksarbeiter. Unsere Kittel haben einen Namen und wir tragen das Firmenlogo. Wie du bei mir siehst, bin ich noch im Besitz der Schering-Kleidung. Ihr Leiharbeiter habt weder das Logo noch ein Namensschild. Scherzhaft nennen wir euch deshalb die ›Namenlosen‹.«

»Wenn ich mich hier so umschaue, scheinen die ›Namenlosen‹ allerdings in der Überzahl zu sein, oder nicht?«

M: »Ja, die Entwicklung ist mehr als bedauerlich. Seit der Übernahme von Bayer wurden hier Hunderte von Arbeitsplätzen abgebaut, und doch schaffen wir es, bei immer dünner werdender Personaldecke die Produktion stetig zu erhöhen. Die Maschinen laufen dabei auf vollen Touren. Ich habe es in den letzten 18 Monaten häufig erlebt, dass eingearbeitete Kollegen gehen mussten und nach kurzer Zeit als Leiharbeiter an den Arbeitsplatz zurückkamen.«

»Aber ihr habt doch einen Betriebsrat, der müsste das doch eigentlich verhindern.«

M: »Der Typ hat doch keinen Arsch in der Hose. Seit der seinen gesicherten Posten hat, taucht der bei uns in der Produktion kaum noch auf. Wir ›Kleinen‹ an der Basis können auf den nicht bauen.«

»Gibt es denn sonst Kollegen, die sich zur Wehr setzen?«

M: »Da waren tatsächlich einige mutige Kollegen, die ihren Unmut äußerten. Die mussten gehen, und von denen ist, soweit ich weiß, noch keiner zurückgekommen. Du kannst dir vorstellen, dass hier vor diesem Hintergrund die allermeisten nur noch an sich selbst denken.«

Bei vielen der noch verbliebenen Werksarbeiter ist die Angst um die eigene Zukunft deutlich zu spüren. Und furchtsame Menschen lassen nahezu alles mit sich machen. In dieser Atmosphäre sind von der Geschäftsleitung die Arbeitszeiten erhöht und die Schichtzulagen gekürzt worden. Für den Erhalt der eigenen Existenz kämpft hier längst jeder an seiner eigenen Front.

Rollentausch

Nur eine Stunde später melde ich mich ordnungsgemäß bei meinem Coach zur Toilette ab. Der Zufall will es so, dass ich auf dem Weg dorthin an einer Garderobe vorbeikomme, an der die weißen Kittel des Führungspersonals hängen. Ich kann der Versuchung nicht widerstehen: In nur wenigen Sekunden tausche ich meinen namenlosen grünen Leiharbeiter-Kittel gegen die Kleidung der Mächtigen ein und schon bin ich auf dem Weg in eine Produktionshalle im oberen Stockwerk. Dort kann ich sicher sein, nicht erkannt zu werden. Voller Spannung, wie die neue Kleidung wirkt, öffne ich die schwere Eingangstür. Die Kollegen scheinen von dem seltenen Besuch doch sichtbar überrascht, und ohne ein Wort zu verlieren, durchquere ich die Halle, vorbei an den drei Produktionsmaschinen. Erst auf dem Rückweg traut sich ein Maschinenführer, mich anzusprechen.

MF: »Kann ich Ihnen helfen?«

»Ja, ganz bestimmt. Mein Name ist Mayer und ich bin leitender Mitarbeiter der Qualitätskontrolle bei Bayer. Im letzten Monat wurde bei Ihnen das tägliche Soll nur selten erreicht. Ich bin hier, um das zu ändern.«

Dem Maschinenführer ist nicht mehr ganz wohl in seiner Haut und mit gesenktem Kopf zeigt er sich befehlsbereit.

MF: »Ja, sofort, kein Problem, Herr Mayer.«

In Windeseile stehen mehr als die Hälfte der anwesenden Mitarbeiter militärisch korrekt vor den Anlagen. Dieser Moment, an dem deutlich sichtbar wird, wie viele Werksarbeiter bereits ersetzt wurden, hinterlässt bei allen Beteiligten Entsetzen. Mit den Worten »Gut, weitermachen!« verlasse ich die Halle wieder. Schnell zurück in die anonyme Arbeitskleidung. Spätestens nach diesem kurzen Identitätswechsel verstärkt sich mein Eindruck, dass bei Bayer Schering Kleider zwar Leute machen, aber noch lange keine freundlichen Mit-Menschen, geradlinigen Charaktere oder Chefs, die anderen durch eigenes Beispiel als Vorbilder und Motivation dienen könnten.

Neue Männer braucht das Werk

Die genau 24 Stunden, die ich seit dem Wechsel von der Nacht- in die Frühschicht nicht im Werk war, kommen mir wie fünf Minuten vor. Zwei Kolleginnen melden sich – offenbar bedingt durch diesen permanenten körperlichen und psychischen Schleudergang – zehn Minuten vor Schichtbeginn krank. Unsere Leiterin zeigt sich davon allerdings wenig beeindruckt und greift routiniert zum Telefon: »Hallo, hier ist Diana. Wir brauchen heute zwei Leute für die Frühschicht!«

Es dauert keine weiteren fünf Minuten und schon stehen zwei weibliche »Namenlose« vor uns. Zu meiner Verwunderung sind sie sofort und ohne jede Einweisung mit den einzelnen Arbeitsschritten der Maschine vertraut. Doch wo kommen diese Damen her und für welchen Leihunternehmer leisten sie ihren Dienst?

In den ersten zwei Stunden läuft die Maschine nahezu ohne Unterbrechungen durch, so ist es nicht möglich, mit den beiden ins Gespräch zu kommen. Mein Coach Mario scheint noch sehr zufrieden, musste sich jedoch wegen der Stillstandszeiten in letzter Zeit mehrfach vor den Vorgesetzten rechtfertigen. In der letzten Woche wurde von keiner Schicht die Sollvorgabe von 30 Paletten erreicht und die amerikanischen Kunden übten bereits massiven Druck aus. Deshalb wurden zum Wochenbeginn nochmals alle Mitarbeiter eindringlich darauf hingewiesen, sich doch zu konzentrieren und fachgerecht mit der Maschine umzugehen. Aber dieses Wunderwerk der Technik ist – wie bereits erwähnt – sehr sensibel. Es reicht aus, dass nur eine von Tausenden Packungsbeilagen in falscher Richtung eingelegt wird, und das Monstrum kommt zum Erliegen. Bisher waren wir Maschinenbediener noch immer in der Lage gewesen, den Stillstand innerhalb von Minuten zu beheben. Heute ist jedoch alles anders.

Ich habe mich gerade wieder an den monotonen Ablauf gewöhnt und bin eins mit der Maschine geworden, als plötzlich die orangefarbene Warnlampe eine der üblichen Störungen anzeigt. Erleichtert, dass es nicht meinen Bereich betrifft, setze ich mich, um die Beine etwas zu entlasten, auf die Kartons der Verpackungsbeilagen. In der Erwartung, die Arbeit nach den üblichen zwei bis drei Minuten Unterbrechung fortsetzen zu können, lehne ich mich an die Maschine und beobachtete Mario. Der ist allerdings weniger gelassen und bewegt sich sehr hektisch durch die Halle. Allein seine Reaktion zeigt mir, dass die Störung wohl weit über die bisher üblichen Stoppzeiten hinausgehen wird. Als dann nach wenigen Minuten auch noch der Betriebselektriker zu sehen ist, ruft uns Mario zusammen:

M: »Leute, wie ihr seht, haben wir ein größeres Problem mit der Maschine. Das wird wohl einige Zeit dauern, bis das behoben ist. Bis dahin gehen wir alle zusammen in die Handarbeit!«

»Was bedeutet denn Handarbeit?«

M: »In diesem Fall geht es um die Kontrolle von Verpackungen für den mexikanischen Markt. Da hat sich letzte Woche eine Kundin beschwert, weil tatsächlich im Blister eine Pille fehlte. Jetzt kam die komplette Lieferung zurück und jede einzelne Verpackung muss von uns per Hand kontrolliert werden. Also los!«

Der durch große Schaufenster von allen Seiten einsehbare Raum befindet sich am rechten Hallenkopf. Fleißige Lagerarbeiter haben uns die zu prüfende Ware bereits neben die einzelnen Tische gestellt. Die Arbeit im sogenannten Glaskasten ist unter den Kollegen nicht gerade beliebt. Man muss mit gehörigem Fingerspitzengefühl wirklich jede einzelne Packung öffnen, den Inhalt entleeren und auf Vollständigkeit überprüfen. Mario weist uns kurz in die neue Aufgabe ein und verschwindet dann wieder.

Als ich mich unter den fünf Kollegen umschaue, wird mir schlagartig klar, dass vier von ihnen weiblichen Geschlechts sind. Am Arbeitstisch neben mir nimmt eine sehr junge Frau Platz. Mir gegenüber sitzt eine etwas mollige Dame, die auf mich einen sehr erfahrenen Eindruck macht. Beide ohne Namensschild, also wie auch ich Leiharbeiter.

Im Gegensatz zu mir und den Festangestellten arbeiten diese beiden auf Abruf. Und die Bayer Schering AG nimmt diesen Begriff wörtlich: Tagtäglich warten die Leihkollegen »dritter Klasse« bis zu 15 Minuten nach Schichtbeginn in einem speziellen Raum auf den Maschinenführer. Kommt dieser nicht, so müssen sie unverrichteter Dinge wieder nach Hause fahren. Verdienen tun sie in diesem Fall nicht einen Cent.

Es war die jüngere der beiden, welche die fast schon ge-spenstische Stille im Raum durchbrach:

JK: »Bist du auch bei einer Leihbude?«

»Selbstverständlich, guck doch mal auf mein Namens-schild und du wirst sehen, dass ich wie du auch keins habe.«

JK: »Wo kommst du denn her?«

»Aus Berlin-Tempelhof, und du?«

JK: »Ich komme aus der Nähe von Strausberg in Branden-burg.«

»Das ist ja nicht gerade um die Ecke. Wie lange bist du denn da unterwegs?«

JK: »Ich komme jeden Tag mit dem Zug und wenn mit dem Umsteigen alles klappt, bin ich in einer Stunde hier.«

»Und wenn du keinen Einsatz bekommst?«

JK: »Dann fahr ich halt wieder nach Hause, aber das kommt zum Glück nur selten vor.«

»Was kostet denn deine Fahrkarte?«

JK: »Die Monatskarte kostet 110 Euro. Die wird allerdings wie meine Wohnung vom Arbeitsamt bezahlt.«

»Warum das?«

JK: »Na, weil das Geld sonst im Monat nicht ausreicht.«

»Was verdienst du denn?«

JK: »Das darf ich dir nicht sagen. Steht doch in jedem Ar-beitsvertrag, dass wir darüber nicht sprechen dürfen.«

»Und wie lang bist du schon hier?«

JK: »Seit genau zehn Monaten.«

»Ganz schön lange. Mir fällt auf, dass besonders viele Frauen hier aus Leihfirmen kommen.«

In diesem Moment schaltet sich die erfahrene Kollegin ein, die interessiert zugehört hatte.

EK: »Als ich hier vor 18 Monaten angefangen habe, hat man kaum Männer zu Gesicht bekommen.«

»Was meinst du, woran das liegt?«

EK: »Natürlich am Verdienst. Das kann man sich scheinbar nur als Frau leisten, für diese Hungerlöhne zu arbeiten. Doch denen bleibt jetzt gar nichts anderes übrig. Aber in letzter Zeit müssen auch immer mehr Männer ran!«

»Warum das? Was sollte das Werk daran hindern, noch mehr Frauen einzustellen?«

EK: »Ganz einfach. Die Schränke in den Damenumkleideräumen sind bereits belegt.«

Während wir in der Handarbeit mit der Kontrolle beschäftigt sind, gelingt es den Mechanikern bis zur Pause, unsere Maschine wieder in Gang zu setzen. Als ich wieder in dem monotonen Ablauf versunken bin, geht mir das Gespräch noch einmal durch den Kopf. Das Werk ist durch das strikte Sicherheitsschleusensystem und die hierfür notwendigen Mitarbeiterschränke bei der Einstellung von Frauen an seine Grenzen geraten. Somit haben die sicherheitstechnischen Vorschriften den Konzern also zu einer Männerquote gezwungen.

Allerdings geht es hier nicht wirklich um das Erreichen dieser Quote, sondern um billige Arbeitskräfte. Im Niedriglohnsektor werden in großem Maße Frauen eingesetzt. Die gut bezahlten Arbeitsstellen gehen zum Großteil an Männer – es sei denn, es sind Leiharbeiter. Wenn es um Geringverdiener geht und die Frauenquote übererfüllt sein sollte, heißt es im Konzern von Bayer Schering – neue Männer braucht das Werk!

Der Traum von der Festanstellung

Für den heutigen Spätdienst hat sich hoher Besuch aus Leverkusen angekündigt. Einer der führenden Manager von Bayer Schering Pharma will sich einen Überblick über den florierenden Produktionsbereich verschaffen. Unsere Schichtleiterin Diana macht sich deshalb schon seit Tagen große Sorgen. Eigentlich gibt es keinen Grund dafür, denn die strikten Vorgaben zur Arbeitssicherheit wurden penibel eingehalten.

Wie bei der Bundeswehr lässt sie uns jedoch vor Dienstbeginn noch einmal antreten und kontrolliert bis ins kleinste Detail unsere Arbeitskleidung. Wir werden angehalten, das notwendige Haarnetz für den heutigen Tag ordnungsgemäß über die Ohren zu ziehen. Ansonsten soll sich der routinierte, tägliche Arbeitsablauf lediglich für uns Leiharbeiter etwas ändern. Scheinbar hat einer der führenden Köpfe doch ein erhebliches Problem mit unserer Beschäftigung, denn anders kann ich diese, für mich überraschende Anordnung nicht deuten. Für den um 15 Uhr mehrfach angekündigten Besuch sollen kurz zuvor alle Leihkollegen/innen von den Maschinen abgezogen und in der sogenannten Handarbeit eingesetzt werden. Dies würde allein für unsere Maschine bedeuten, dass von den sechs emsig rotierenden Kollegen lediglich drei am Arbeitsplatz verbleiben dürfen. Dabei wird unserer Schichtleiterin natürlich bewusst sein, dass sie so dem feinen Herrn unser Wunderwerk der Technik niemals in seiner vollen Funktion präsentieren kann. Aber es soll wenigstens rundherum alles in feinstem Licht erscheinen. Nahezu eine Stunde sind wir damit beschäftigt, ihre übersteigerten Sauberkeitsansprüche zu befriedigen. Getrieben von der Angst, dem Manager könnte etwas missfallen, lässt sie uns einige Bereiche sicherheitshalber mehrfach wischen. Nicht, dass dies unbedingt notwendig gewesen wäre bei der stetig gehegten und gepflegten Maschine. Je näher der lang angekündigte Besuchstermin rückt, umso hektischer werden ihre Kommandos, und wir Leiharbeiter werden gebeten, die Maschine nun zu verlassen. Wir sollten auch nicht auf unserer Etage im üblichen Glaskasten verschwinden, sondern gleich auf ein anderes Stockwerk.

Die erfahrenste Leiharbeiterin erhält dabei das Kommando und führt uns sicher ans vorgegebene Ziel. Hier zeigen sich die Mitarbeiter aufgrund unserer plötzlichen Anwesenheit doch sehr überrascht, und die sonst perfekt funktionierende Logistik ist überfordert. So war es einem hier tätigen Kollegen in der Kürze der Zeit nicht gelungen, auch die zu überprüfende Ware an diesen Ort zu bringen. Im Gegensatz zu den Festangestellten in dieser Halle zeigen wir Leiharbeiter keine Regung und nehmen die Situation sehr gelassen. Für uns alle gilt ein ungeschriebenes Gesetz, wenn der Auftraggeber einmal den Überblick über uns verloren hat: In aller Ruhe nehmen wir zunächst Platz und wie auf Kommando verschwindet im Minutentakt einer nach dem anderen zur »Pause« in die Kantine. Für mich ergibt sich dabei die Gelegenheit, mit der erfahrenen, aber sonst sehr zurückhaltenden Kollegin ins Gespräch zu kommen:

»Du hast letztens sehr erbost von den Hungerlöhnen gesprochen. Was verdienst du denn eigentlich?«

EM: »Du kennst doch unsere Arbeitsverträge, das darf ich dir doch gar nicht sagen!«

»Und warum nicht?«

EM: »Ganz einfach, weil wir alle von verschiedenen Firmen kommen und somit andere Konditionen haben. Es soll offenbar verhindert werden, dass wir über diese Unterschiede offen reden.«

»Ich dachte, dass wir alle nach dem gleichen Tarif entlohnt werden. Also gilt selbst bei uns Leiharbeitern nicht einmal mehr der Grundsatz ›gleiche Arbeit für gleiches Geld‹?«

EM: »Genau das ist unser Problem. Wir unterliegen alle den verschiedensten Tarifen. So kommt es, dass Kolleginnen für 5,20 brutto bis 7,30 brutto in der Stunde arbeiten. Das sind gut 30 Prozent Differenz!«

»Unfassbar, das gilt aber doch nur bis zur endgültigen Übernahme als Werksarbeiter, oder?«

EM: »Ich bin schon 18 Monate hier. Seit dem ersten Tag wird mir eine Übernahme in Aussicht gestellt. Konkret wurde aber diesbezüglich noch niemand der hohen Herren. Wozu denn auch? Ich mach hier sowieso meine Arbeit und für die bin ich als Leiharbeiterin doch viel billiger. Zudem hat das Werk jeden Tag die Möglichkeit, mich vor die Tür zu setzen, das geht mit den Werkskollegen nicht so einfach.«

»Kennst du denn einen Kollegen, der es geschafft hat?«

EM: »Aus der Leiharbeit ist mir direkt keiner bekannt. Als Letztes hat Hans an unserer Maschine einen befristeten Vertrag bekommen. Nicht umsonst wird der 55-Jährige von uns allen Hans im Glück genannt!«

In diesem Moment klingelt das Werkstelefon, welches sich in der Hosentasche der Kollegin befindet. Mit einem ersten kurzen Blick macht sie uns klar, dass es weitergeht. Die Stimmung in der Halle hat sich deutlich entspannt und es wird sogar kurz gelacht, als sich herausstellt, dass sich der Zeitplan des beschäftigten Managers kurzfristig änderte. Er fand somit keine Zeit, sich neben der Verwaltung auch noch dem Produktionsbereich zu widmen. Jeder nimmt wieder seinen zugewiesenen Platz an der Maschine ein und weiter geht es. Nach der notwendigen intensiven Einarbeitung innerhalb der ersten zwei Wochen bin ich inzwischen in der Lage, an jedem Arbeitsplatz eingesetzt zu werden. Ich bin selbst erstaunt, wie schnell sich der ganze Körper auf den Takt der Maschinen eingestellt hat. Reflexartig, fast automatisch, spulen die Hände das geforderte Programm ab. Selbst bei Unterbrechungen bin ich mittlerweile in der Lage, die Fehler zu erkennen und bei Bedarf auch zu beheben. Nun ist es endlich so weit, am üblichen Rotationsverfahren teilnehmen zu dürfen. Um dem monotonen Ablauf zu entgehen, wechseln wir im Stundentakt die Arbeitsplätze. Dies macht diese Art von Tätigkeit für uns alle erheblich verträglicher und die sonst so zäh dahinfließende Zeit scheint schneller zu vergehen. Nach dem zweiten Wechsel will es der Zufall, dass ich am Arbeitsplatz neben Hans lande. Der macht seinem Spitznamen alle Ehre und lächelt gelassen über beide Wangen. Ihm ist die Erleichterung, hier einen der wenigen begehrten Werksverträge bekommen zu haben, deutlich anzusehen. Interessiert, wie ihm dieses Kunststück gelungen ist, kommen wir ins Gespräch.

»Ich habe gehört, du hast einen Festvertrag – stimmt das wirklich?«

H: »Ja, seit einem Monat. Kann dir gar nicht sagen, wie glücklich ich bin. Mit 55 zählst du doch längst zum alten Eisen und bist schwer vermittelbar. Ich musste mir das über zwei Jahre beim Arbeitsamt anhören.«

»Was hast du vorher getan?«

H: »Ich war hier. Allerdings lief mein befristeter Vertrag aus und wurde nicht verlängert. Man bot mir sofort eine Weiterbeschäftigung als Leiharbeiter an, doch ich lehnte unmotiviert ab.«

»Und wie bist du wieder zurück ins Werk gekommen?«

H: »Ich hatte den Kontakt zu den Kollegen eigentlich nie verloren. Meine Frau arbeitet hier im Personalbereich und die gab mir dann auch den richtigen Tipp. Mit viel Dusel und natürlich auch Vitamin B bin ich dann beharrlich der Sache nachgegangen. Wie du siehst mit Erfolg.«

»Darf ich erfahren, was du in der Stunde bekommst?«

H: »Eigentlich nicht. Doch die Tarife kannst du dir bei der Gewerkschaft anschauen. Die liegen bei mir so bei 17,50 Euro brutto plus Schicht- und Feiertagszulagen.«

»Das ist ja mehr als das Doppelte von meinem Verdienst. Dabei muss ich noch auf sämtliche Zulagen verzichten. Das ist doch mehr als ungerecht!«

H: »Jetzt weißt du auch, warum ich nie in die Leiharbeit gegangen bin!«

Erst nach dieser Schicht wird mir so richtig bewusst, wie groß die Verdienstspanne für die gleiche Tätigkeit bei Bayer Schering Pharma am Band tatsächlich ist. Allein an »meiner« Maschine verdienen die Menschen zwischen 4,50 pro Stunde und 17,50 pro Stunde brutto. In den Gängen und in der Umkleidekabine prägen die emotionalen Gespräche über Übernahmeverträge das tägliche Bild. Sehr viele der 5500 Mitarbeiter haben Angst um ihre Existenz, und für eine steigende Anzahl rückt mit jeder Einstellung eines Leiharbeiters der Traum einer Festanstellung in immer weitere Ferne.

Auszug aus den Ethischen Standards der Bayer Schering Pharma

2. Verpflichtung des Unternehmens (Auszug)
Bayer Schering Pharma sieht sich in der Pflicht, ökonomisch, sozial und umweltbewusst zu handeln.
Bayer Schering Pharma bekennt sich zu einer nachhaltigen, zukunftsträchtigen Entwicklung. Bayer Schering Pharma legt Wert darauf, mit natürlichen Ressourcen sparsam umzugehen und Auswirkungen seiner Aktivitäten und Produkte auf die Umwelt während ihres Lebenszyklus zu minimieren.
Die Gesundheit und Sicherheit aller Mitarbeiter, Nachbarn, Kunden, Verbraucher und anderer Personen, die von den Geschäftsaktivitäten betroffen sind, haben, ebenso wie der Schutz der Umwelt hohen Vorrang.
Quelle: www.bayerscheringpharma.de/scripts/pages/de/unternehmen/...

Lohntarif light

Als die Kollegen der Frühschicht uns am heutigen Tag die Maschine übergeben, ist besonders an der Stimmung unserer Schichtleiterin Diana zu spüren, dass irgendetwas nicht in Ordnung ist. Selbst der sonst so gut gelaunte Mario wirkt deutlich genervt und angespannt. So bittet uns Diana vor der Maschine zu einem Gespräch.

D: »Es wird sich ab heute euer Arbeitsablauf etwas ändern. Und zwar hatten wir in den letzten Wochen zu viele Still- und Standzeiten. Dafür müssen wir jetzt eine neue Liste führen. Ihr müsst hier genau eintragen, warum und wie lange die Maschine gestanden hat.«

M: »Also noch ein zusätzliches Formular. Wofür soll das gut sein?«

D: »Das kann ich dir genau sagen, Mario. Wir haben in den vergangenen 14 Tagen im Schnitt 25 Paletten pro Schicht geschafft, müssten allerdings schon die 30 erreichen. Der letzte Auftrag müsste eigentlich schon seit zwei Tagen fertig und unterwegs sein. Die Kunden machen mächtig Druck. Also, wir müssen alle schneller und besser werden!«

Hans: »Du weißt doch selbst, wie häufig die Maschine nur eine Fehlermeldung gibt und von selbst stehen bleibt. Wie sollen wir das ändern?«

D: »Die Standzeiten sind nun mal in der letzten Zeit enorm nach oben gegangen. Also wollen wir keine weitere Zeit verschwenden – jeder einen Zettel und los!«

Es ist schon beeindruckend zu beobachten, wie zwiegespalten die Reaktionen der Kollegen sind. Auf der einen Seite die Werksarbeiter und auf der anderen wir, die Leiharbeiter. Während bei den Werkskollegen eine deutliche Anteilnahme an der Problematik zu spüren ist, nehmen wir diese Information sehr gelassen auf. Mir persönlich ist es vollkommen egal, wie viele Paletten am Ende der Schicht fertig sind. Für die wenigen Werksarbeiter gilt diese Zahl jedoch tagtäglich als der Maßstab für ihre abgelieferte Leistung. In sämtlichen Pausen unterhalten sie sich über erreichte Stückzahlen und vergleichen ihre mit denen der anderen Produktionsteams. Hier wurde gerade in den letzten Tagen dem Ärger über die hohen Standzeiten so richtig Luft gemacht. Um dem entgegenzuwirken, wird das Arbeitstempo nochmalig erhöht, so erreichen wir bis zur lang ersehnten Pause tatsächlich unser Ziel, ganze

15 Paletten durch die heute gut funktionierende Maschine zu jagen. Müde, aber sichtbar zufrieden ist jeder erleichtert, nach vier Stunden dem Körper die dringend benötigte Pause zu gönnen.

Hans im Glück kämpft mit Papiertüchern gegen den unaufhörlich laufenden Schweiß, während die Leiharbeiterkolleginnen mit Zigaretten und Kaffee gegen die Müdigkeit ankämpfen. Mein erster Monat bei Bayer Job@ctive nähert sich dem Ende, und so ist das zu erwartende Gehalt prägendes Thema der Pausendiskussion. Zumindest beginnt unsere junge Kollegin ihren Ärger und die daraus folgenden Probleme zu schildern.

JK: »Ich weiß nicht, wie ich das noch machen soll. Mein Gehalt ist noch nicht auf dem Konto und jetzt ist schon sicher, dass es gerade für die Miete und Fahrkarte ausreicht. Für mein Essen muss ich beim Arbeitsamt betteln.«

»Wieso, was hast du denn verdient?«

JK: »In diesem Monat ganze 632,70 netto, davon gehen direkt 350 Euro an meinen Vermieter. Die Nebenkosten von 50 Euro wurden auch noch abgebucht. Dann kann ich noch die 110 Euro für die Monatskarte zahlen und schon ist alles weg!«

»Und wie kommst du durch den Monat?«

JK: »Indem ich, wie üblich, beim Arbeitsamt eine Aufstockung beantrage.«

Kopfschüttelnd schaltet sich Mario in das Gespräch ein.

M: »Uns wurde doch in den Betriebsversammlungen versichert, dass auch ihr tariflich bezahlt werdet. Da kann doch was nicht stimmen.«

JK: »Laut meinem Chef sind die 5,20 Euro brutto tariflich vereinbart.«

»Das kann doch kaum sein. Ich werde mit 6,42 Euro brutto doch auch tariflich bezahlt und zwar nach Osttarif. Der müsste doch auch für dich gelten?«

JK: »Nicht direkt, denn ich werde nach dem Tarif der Christlichen Gewerkschaft bezahlt, und du?«

»Für mich ist der Deutsche Gewerkschaftsbund zuständig. Mich wundert, dass es da Unterschiede gibt.«

M: »Jetzt verstehe ich gar nichts mehr, aber auch wir werden nach dem Tarif des DGB bezahlt und der liegt bei 17,50 Euro brutto.«

In diesem Moment drängt unsere Schichtleiterin Diana wieder aufs Tempo.

Die dreieinhalb Stunden bis zum Feierabend vergehen wie im Fluge und während der Arbeit lässt mich das Gespräch einfach nicht los. Ergeben sich doch hieraus für mich kafkaeske Tarifverhältnisse, die dem Gegensatz »gleiche Arbeit für gleiches Geld« deutlich widersprechen. Zu meiner Verwunderung sollte dies jedoch laut AÜ (Arbeitnehmerüberlassungsgesetz) rechtens sein. Während seiner Amtszeit hatte der damalige Superminister Clement die Grundlagen hierfür geschaffen. Ein unscheinbarer Passus erlaubt seit 2002 dem gültigen Gleichstellungsgrundsatz eine alles entscheidende Ausnahme.

Danach wird der Gleichstellungsgrundsatz, sozusagen durch die »Hintertür« vollkommen aufgehoben. Jetzt fehlte nur noch eine Gewerkschaft, die bereit ist, mit der Leiharbeitsfirma einen Tarif zu vereinbaren. So wurde nahezu gleichzeitig die Tarifgemeinschaft Christlicher Gewerkschaften für Zeitarbeit und Personalserviceagenturen ins Leben gerufen. Wer diese Gewerkschaft finanziert und wie viele Mitglieder sie hat, ist bis zum heutigen Tage nicht ganz klar.

Sie sieht sich allerdings nach eigenen Angaben als anerkannter Tarifpartner in der Leiharbeitsbranche und verhandelte »erfolgreich« mit den – und de facto zum Wohle der – Leiharbeitsunternehmen. Denn hätten die »Pseudo-Gewerkschaftler« auf diese Vereinbarung verzichtet, würden die Leiharbeitskollegen laut AÜ tariflich den Löhnen der Werksarbeiter gleichgestellt. Unter dem Deckmantel gewerkschaftlicher Arbeit wurden die Löhne also von 17,50 Euro brutto auf 5,20 Euro brutto gedrückt und somit war der Weg frei für ein erfolgreiches Geschäft mit der Leiharbeit. Bis zu diesem Zeitpunkt (2002) waren in Deutschland 350 000 Menschen in diesem Wirtschaftssektor beschäftigt. Im Jahr 2005 waren es bereits mehr als doppelt so viele, und laut Angaben der Arbeitsagentur werden pro Jahr etwa 300 000 Jobsuchende in die Leiharbeit vermittelt. Nach diesen Zahlen dürften solche Beschäftigungsverhältnisse zwischen 2002 und 2008 also auf rund zwei Millionen angestiegen sein. Die Dunkelziffer von Niedriglöhnern, also jenen Menschen, die zu ähnlichen Konditionen arbeiten wie Leiharbeiter, sich aber bei der Arbeitsagentur nicht gemeldet haben, liegt vermutlich wesentlich höher. Dadurch entsteht zunächst der Eindruck, die Arbeitslosigkeit würde kontinuierlich abgebaut. Doch bei genauerem Hinschauen fällt auf: Diese Jobs sind ausgesprochen instabil. Und auf eigenen finanziellen Füßen kann davon wohl kaum jemand stehen. Das wiederum hat nicht nur persönliche Folgen für die Betroffenen, sondern auch für das soziale Sicherungssystem, wie gleich noch zu sehen sein wird.

Ihr wahres Gesicht zeigt die »christliche Gewerkschaft« bei der Debatte um den Mindestlohn. Als einzige »Arbeitnehmerinteressenvertretung« kämpft man dort mit erfolgreicher Lobbyarbeit gegen dessen Einführung.

Aufgrund dessen sahen sich die etablierten Gewerkschaften wie zum Beispiel der DGB gezwungen, im Jahr 2004 ebenfalls mit der Leiharbeitsbranche zu verhandeln, um etwas bessere Konditionen zu erkämpfen. Immerhin war es ihnen in meinem Fall gelungen, ganze 1,21 Euro pro Stunde mehr zu vereinbaren. So waren bis 2002 noch alle Leiharbeiterkollegen den Werkskollegen gleichgestellt. Erst der Einsatz unter anderem des Christlichen Gewerkschaftsbundes Deutschlands machte mit 5,20 brutto den Weg für den »Lohntarif light« frei.

Zeitarbeit

Tarifgemeinschaft Christlicher Gewerkschaften für Zeitarbeit und Personalserviceagenturen (CGZP)

Kurzdarstellung

Unter dem Dach des Christlichen Gewerkschaftsbundes Deutschlands (CGB) besteht die Tarifgemeinschaft Christlicher Gewerkschaften für Zeitarbeit (CGZP).

Der Tarifgemeinschaft gehören zum heutigen Zeitpunkt vier Mitgliedsgewerkschaften an. Dies sind im Einzelnen:

- ○ Christliche Gewerkschaft Metall (CGM)

- ○ Gewerkschaft Öffentlicher Dienst und Dienstleistungen (GÖD)

- ○ Christliche Gewerkschaft Postservice und Telekommunikation (CGPT)

- ○ DHV - Die Berufsgewerkschaft e. V. im CGB

Die Tarifgemeinschaft wurde im Jahr 2002 gegründet, um nach den erfolgten gesetzlichen Veränderungen im Arbeitnehmerüberlassungsgesetz (AÜG) für die Beschäftigten der Zeitarbeitsbranche einen rechtssicheren tariflichen Zustand herzustellen.

Die CGZP ist heute anerkannter Tarifvertragspartner in der Branche der Arbeitnehmerüberlassung. Unsere Tarifpartner, wie beispielsweise der Arbeitgeberverband Mittelständischer Personaldienstleister e.V. (AMP), organisieren einen erheblichen Teil der mittelständischen Unternehmen in der Branche der Zeitarbeit.

Die Aufgabe der Tarifgemeinschaft ist es, stellvertretend für ihre Mitgliedsgewerkschaften und in deren Auftrag mit den Arbeitgebern bzw. Arbeitgeberverbänden Tarifverträge auszuhandeln und abzuschließen.

Maßgabe unserer Tarifpolitik ist es, den spezifischen Anforderungen und Erfordernissen der vielfältig ausgerichteten Branche der Zeitarbeit durch handhabbare Regelungen zu entsprechen und den Beschäftigten faire und verlässliche Arbeitsbedingungen zu sichern.

Mitgliedschaft

Da die CGZP eine Verhandlungsgemeinschaft ist, kann eine Mitgliedschaft nur in einer der in der CGZP zusammengeschlossenen Einzelgewerkschaften ○ begründet werden.

CGB gegen Mindestlohn in der Zeitarbeitsbranche!

Zum Antrag der Arbeitgeberverbände BZA und IGZ auf Aufnahme in das aktuelle Arbeitnehmentsendegesetz erklärt der Bundesvorsitzende des Christlichen Gewerkschaftsbundes Deutschlands (CGB), Matthäus Strebl:

„Es gibt keine rechtliche Grundlage für die Aufnahme der Arbeitnehmerüberlassung in das Arbeitnehmerentsendegesetz. In dieser Branche gibt es derzeit weder Lohndumping durch ausländische Arbeitgeber, noch Bereiche ohne Tarifbindung. Es darf nicht sein, dass das Entsendegesetz vom DGB durch ungerechtfertigten Druck auf die Politik missbraucht wird, um Wettbewerb zu verhindern und Arbeitsplätze in einem derzeit funktionierenden Gebiet zu gefährden. Es ist nicht Aufgabe der Politik, die gewerkschaftliche Konkurrenz des DGB per Gesetz auszuschalten.

Die Tarifverträge des Arbeitgeberverbandes Mittelständischer Zeitarbeitsunternehmen (AMP) mit der Tarifgemeinschaft Christlicher Gewerkschaften für Zeitarbeit und PSA (CGZP) regeln die Arbeitbedingungen etwa der Hälfte der Beschäftigten in der Zeitarbeit. Für den Bereich der kleinen und mittelständischen Personaldienstleister decken diese Tarifverträge sogar weit mehr als die Hälfte aller Beschäftigungsverhältnisse ab.

In der Zeitarbeit existieren derzeit mehrere rechtsgültige Tarifverträge. Wenn jetzt einer dieser konkurrierenden Tarifverträge in das Arbeitnehmerentsendegesetz aufgenommen oder für allgemeinverbindlich erklärt würde, bedeutete dies das staatliche außer Kraft setzen von gültigen Tarifverträgen. Das ist wegen des Eingriffs in die Tarifautonomie in Art. 9 des Grundgesetzes verfassungsrechtlich äußerst bedenklich. Nach der Rechtsprechung kann eine Rechtsverordnung nur die Beschäftigten und Unternehmen erfassen, die für die kein Arbeitgeberverband und keine Gewerkschaft eine Verbandszuständigkeit beansprucht.

Der CGB wird nicht zulassen, dass der Bundesarbeitsminister rechtsgültige Tarifverträge in der Zeitarbeit durch Gesetz aushebelt. Bundesarbeitsminister Scholz wäre gut beraten, wenn er sich nicht vor den Karren des DGB spannen lassen würde. Die einzig vernünftige Entscheidung des Ministers kann im Sinne des Rechtsstaatsprinzips nur die Ablehnung der Anträge der Arbeitgeberverbände BZA und IGZ auf Aufnahme in das Entsendegesetz sein."

Phantom der neuen Arbeit

Die Lohnabrechnung von Bayer Job@ctive für den vergangenen Monat ist recht überschaubar. So fehlen die ersten fünf Arbeitstage und mir bleiben nach Abzug der Lohnnebenkosten gerade einmal 529 Euro netto in der Tasche. Meine Werkskollegen erhielten im gleichen Zeitraum nahezu das Dreifache.

Für meinen Lebensunterhalt bin ich nun gezwungen, die Aufstockung bei der Arbeitsagentur zu beantragen. Es ist mehr als unangenehm, trotz Vollzeit die Almosen der Allgemeinheit in Anspruch nehmen zu müssen. Dem Bayer-Schering-Konzern scheint mein persönliches Schicksal und auch das meiner Leiharbeiterkollegen relativ egal zu sein. In dieser Denkweise spielt der einzelne Mensch im Zahlenwerk der Buchführung längst eine untergeordnete Rolle. Hier geht es um Umsatz, Kosten und letztendlich den maximalen Profit. So kann ich den führenden Managern nicht einmal einen Vorwurf machen. Handeln diese doch nach den »unmenschlichen« Gesetzen des reinen Kapitalismus.

Um weiterhin erfolgreich zu sein, werden die Lohnkosten auf diese Weise erheblich reduziert. Die Reform des Arbeitsmarktes und insbesondere die Änderung des Arbeitnehmerüberlassungsgesetzes sowie die Einführung des verdeckten Kombilohns durch die Möglichkeit der Aufstockung machen für die Manager den Weg zur Kostenreduzierung erst frei. Die Konsequenzen hieraus wirken sich längst nicht mehr nur auf das Schicksal der einzelnen Leiharbeiter aus. Durch die monatliche Aufstockung in Form von Steuergeldern ist die Allgemeinheit gleich mehrfach belastet: In erster Linie zahlen wir aus den allgemeinen Steuerkassen einen Teil der Arbeitslöhne für die Industrieunternehmen. Und diese wären doch geradezu dumm, würden sie dieses Angebot nicht nachhaltig wahrnehmen und für die Zukunft ausbauen. Bei genauerer Betrachtung zahlen wir jedoch dop-

pelt und dreifach, denn niedrigere Löhne bedeuten gleichzeitig auch niedrigere Beiträge ins solidarische Sicherungssystem. Dies lässt sich durch den Vergleich mit einer Lohnabrechnung eines Werksarbeiters verdeutlichen. Während
ich monatlich genau 64,70 Euro an die gesetzliche Krankenkasse abführe, zahlt ein Werksarbeiter einen monatlichen
Beitrag in Höhe von 186,37 Euro. Auf der einen Seite wiederum eine erhebliche Kostenersparnis für den Arbeitgeber,
auf der anderen fehlt den Krankenkassen der Differenzbe-
trag. Bei der massenhaften Umwandlung von werkstarifli-
chen Arbeitsplätzen in Leiharbeit mussten gerade die gesetzlichen Krankenkassen bisher erhebliche Beitragseinbußen
hinnehmen, die nur noch durch nahezu jährliche Beitrags-
erhöhungen aufgefangen werden können.

Nahezu identisch sind die Auswirkungen für die Rentenversicherung. Während ich monatlich lediglich einen Beitrag
von 74,43 Euro in die Kasse einzahle, liegt der Beitrag für
einen Werksarbeiter bei 212,88 Euro. Als Konsequenz für
das gültige Umlagesystem bedeutet dies erhebliche finanzielle
Ausfälle in der Rentenkasse, also Geld, das den aktuellen
Rentnern nicht zur Verfügung gestellt werden kann. Doch
der niedrigere Beitrag hat nicht nur auf die aktuelle Lage der
Rentenkassen seine Auswirkung: In letzter Konsequenz macht
er mich trotz Arbeit zu einem sicheren Sozialfall in der Zukunft. Denn bei diesen Beiträgen würde nicht einmal ein Ren-
tenanspruch in Höhe der Grundrente zusammenkommen,
und meine privaten Ersparnisse wären ebenfalls – wie ein-
gangs geschildert – bereits bis auf ein Minimum reduziert.
Die jüngeren Generationen müssten für meinen Lebensunterhalt im Rentenalter noch *zusätzlich* zum bisher bestehen-
den System in Anspruch genommen werden.

Zusammenfassend subventionieren wir aus Steuergeldern also einen stetig wachsenden Niedriglohnsektor und gefährden hierdurch die tariflich entlohnten Arbeitsplätze. Gleichzeitig bricht uns mit dem Verlust dieser Arbeitsplätze der systemtragende Mittelstand mehr und mehr zusammen. Dies gefährdet direkt unser solidarisches Sicherungssystem, und zwar nicht nur in der Gegenwart, sondern auch in der Zukunft.

Von dieser aktuellen Entwicklung sind allerdings nicht nur die Kranken- und Rentenkassen betroffen. Mit jedem Arbeiter, der nicht werkstariflich entlohnt wird, geht dem Binnenmarkt ein wichtiger Konsument verloren. Während sich dieser noch ein Auto oder einen Besuch im Theater leisten konnte, fehlt dem leihweise Beschäftigten hierzu das Geld. Die Ausbreitung von Discountern in vielen verschiedenen Branchen zeigt, dass immer mehr Menschen auf deren Angebot angewiesen sind. Doch wer sich das Warensortiment genauer anschaut, wird feststellen, dass ein Großteil in sogenannten Billiglohnländern wie zum Beispiel China hergestellt wurde. Dabei darf es keinen wundern, dass die Importe aus diesen Ländern stetig ansteigen. Die in unserem Land hergestellte Qualitätsware »Made in Germany« können sich hingegen immer weniger Menschen leisten. Die Produkte des »Exportweltmeisters« sind zwar in der ganzen Welt gefragt, verlieren auf unserem Binnenmarkt jedoch mehr und mehr an Marktanteil. Durch die derzeitige Arbeitsmarktpolitik wird diese Entwicklung gefördert, und so subventionieren wir auch noch die Billigimporte aus dem Ausland. Genau diese Situation hat in den letzten Jahren verstärkt zu dem Verlust an Arbeitsplätzen in unserem Land beigetragen. Die niedrigen Löhne führen direkt zu massiven Kaufkraftverlusten, die sich längst auch auf kulturelle wie soziale Bereiche auswirken. Bei Gehältern, die nur durch staatliche Unterstützung das Überleben gerade so gewährleisten, bleibt nicht ein Cent für Kultur, Gastronomie, Medien und so weiter übrig. Seit Einführung der Agenda 2010 mussten gerade in diesen Bereichen hohe Umsatzeinbußen hingenommen werden.

Doch Industrieunternehmen genießen seither nicht nur die Subventionierung der Löhne. Für sie brachten gerade die Änderungen im Arbeitnehmerüberlassungsgesetz noch einige weitere Vorteile. So sind für Werksarbeiter nicht nur die von den Gewerkschaften ausgehandelten Tariflöhne und Zuschläge zu zahlen, sondern auch noch eventuelle Abfindungen, Urlaubs- und Ausfallgeld. Zudem ist er vertragsrechtlich direkt ans Werk gebunden, das heißt, es müssen ihm auch Kündigungsschutz und der Zugang zur Gewerkschaft gewährt werden. Der Leiharbeiter hingegen ist vertraglich nur an seine Leihfirma gebunden. Ihm stehen die werksspezifischen Vereinbarungen nicht zur Verfügung. Er ist somit ohne jegliche Konsequenzen sofort kündbar. Zudem gibt es für ihn keine Möglichkeit, sich im Werk gewerkschaftlich zu organisieren. Er kann sich weder an werksorganisierten Streiks noch an Versammlungen beteiligen. Hierdurch haben die Gewerkschaften erheblich an Einfluss in den Werken verloren. Die Belegschaft ist in sich gespalten und schafft am gleichen Arbeitsplatz zu verschiedenen Konditionen. Bei eventuellen Streiks kommt es nicht mehr zu Produktionsausfällen, die bei Tarifverhandlungen einen nicht unerheblichen Faktor darstellen. An diesen Tagen werden Werksarbeiter einfach durch Leiharbeiter ersetzt. So verpufft die gewerkschaftliche Tätigkeit nahezu wirkungslos. Und diese Entwicklung gefährdet nicht nur die Demokratie in den Werken, sondern im ganzen Land.

Wenn man sich als nur ein Beispiel die Auflösung des Nokiawerks in Bochum anschaut, sehe ich diese Aussagen mehr als bestätigt. Politik und Gesellschaft zeigten sich sehr schockiert über diese Entscheidung. Der CDU-Politiker Jürgen Rüttgers unterstützte sogar den Betriebsrat bei den Verhandlungen. Die Schließung konnte zwar nicht verhindert werden, den Werksarbeitern wurde allerdings in Form eines Sozialplans geholfen. Von den 1100 Leiharbeitern, die in diesem Werk ebenfalls beschäftigt waren, war in der Öffentlichkeit wie in der Politik allerdings kaum etwas zu hören. Der Leiharbeiter ist in unserer Gesellschaft das Phantom der neuen Arbeitswelt.

Im Osten nichts Neues?

Seit der Einführung der Agenda 2010 gilt für Arbeitssuchende der neue Leitsatz »Fordern und Fördern«. In der praktischen Umsetzung steht vor allem das Fordern im Mittelpunkt, das heißt: Arbeitslose sind verpflichtet, *jede* zumutbare Arbeit anzunehmen. Was »zumutbar« in diesem Zusammenhang bedeutet, ist, ebenso wie das Wort »angemessen« in Bezug auf Wohnraum oder PKW, nicht eindeutig geklärt.

Während meiner Einsätze für Leiharbeitsunternehmen in der Industrie erhielt ich fortweg Stellenangebote als Erntehelfer in der Land- und Forstwirtschaft. Dabei spielte das wichtigste Kriterium bei der Bemessung der sogenannten Zumutbarkeit keine spürbare Rolle: der Lohn. Somit darf es wohl keinen wundern, dass sich die Arbeitslöhne für solche Tätigkeiten im freien Fall befinden. Im Frühjahr 2005 erkannte das Bundesministerium für Wirtschaft und Arbeit erhebliche Probleme bei der Vermittlung und zog die »Daumenschrauben« an: Man versprach den Bauern, bis zur Spargelernte ausreichend Arbeitslose zuzuführen. Der Erfolg dieser Kampagne hielt sich, obwohl einige mit drastischen Strafen belegt wurden, in Grenzen. Schlussendlich mussten die Landwirte wieder auf ihre erfahrenen Erntekräfte aus Polen und Rumänien zurückgreifen. Seither wird Arbeitssuchenden in der Öffentlichkeit häufig unterstellt, sie seien »faul« und »nutzlos«.

Mich interessiert, was diese Menschen tatsächlich daran hindert, eine Tätigkeit als Erntehelfer anzunehmen, und was sie dabei verdienen können.

Im März 2008 erhalte ich von der Agentur für Arbeit folgendes Stellenangebot:

»Für den Einsatz in der Erdbeerernte benötigt ein Bauer für die Saison mehrere Erntehelfer.«

Die Bewerber sollen dabei Erfahrungen mit körperlich anstrengender Arbeit vorweisen. Darüber hinaus muss man zuverlässig, leistungsbereit und pünktlich sein. Das Arbeitsverhältnis ist von vornherein auf einen Monat beschränkt und man erhält einen Leistungslohn von 0,25 Euro für 500 Gramm Erdbeeren. Zudem erwartet der Bauer ein frühes Erscheinen auf seinem Hof: Arbeitsbeginn ist um 4.30 Uhr. Die Agentur für Arbeit fordert zusätzlich noch den Besitz eines Führerscheins und eines eigenen Autos, um auf die verschiedenen Erdbeerfelder zu kommen.

Nach kurzer telefonischer Bewerbung lädt mich der Bauer zu einem persönlichen Vorstellungsgespräch. Sein kleiner, aber feiner Hof liegt in einer brandenburgischen Gemeinde, nur einen Katzensprung von der polnischen Grenze entfernt. Direkt nach der Wende zog es den gebürtigen Westdeutschen gen Osten, wo er nach einiger Zeit gemeinsam mit seiner Ehefrau das leerstehende Bauernhaus mit den angrenzenden Erdbeerfeldern erwarb. Nach gut einem Kilometer Feldweg stehe ich vor dem im letzten Jahrhundert erbauten und toprenovierten Wohnhaus des Bauern Schmidt und seiner Familie und bin überrascht von der hektischen Betriebsamkeit, die bereits auf dem Gehöft herrscht. Auf dem Parkplatz ist schon keine Lücke mehr frei, und so muss ich mein Auto am angrenzenden Feldweg abstellen. Vor dem Wohnhaus steht eine Gruppe von gut 20 Menschen, bewaffnet mit den üblichen Bewerbungsunterlagen. Zudem hat sich eine Mitarbeiterin der Agentur für Arbeit aus Guben eingefunden, um sicherzustellen, dass die angeforderten Kräfte vor Ort sind. Akribisch notiert sie alle Bewerber und streicht jeden einzelnen Anwesenden von der Liste. Und tatsächlich fehlen einige Arbeits-

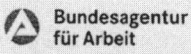
Details zum Stellenangebot - Erntehelfer/in

WIR BIETEN

Tätigkeit

Arbeitsplatz: Erntehelfer/in; 5 offene von ursprünglich 5 gemeldeten Angeboten; Sozialversicherungspflichtige Beschäftigung

Stellenbeschreibung

Für den Einsatz in der Erdbeerernte benötigt der Arbeitgeber für die Saison mehrere Erntehelfer.

1.) Es sollte Erfahrung mit körperlich anstrengender Arbeit vorliegen.
2.) Arbeitnehmer müssen Zuverlässig, Leistungsbereit und Pünktlich sein.

Ausübungsort

03172 Schenkendöbern, Brandenburg, Deutschland

Rahmenkonditionen

Befristet für 1 Monat; Eine spätere Übernahme in ein unbefristetes Arbeitsverhältnis ist nicht möglich; Arbeitszeiten: Teilzeit - flexibel; 36,0 Wochenstunden; Mo-Sa: 04:30 Uhr - ca. 10:30 Uhr, eventl. ab 19:00 Uhr - 22:00 Uhr, eventl. So ab 19:00 Uhr; Vergütungsangebot: Leistungslohn 0,25€/ 500g Erdbeeren

Informationen zum Arbeitgeber

Betriebsgröße: weniger als 6
Branche: Anbau von Kern- und Steinobst

WIR SUCHEN

Bildungsabschluss

nicht relevant

Mobilität

PKW: Führerschein und Fahrzeug erforderlich

Frühester Eintrittstermin

19.05.2008

Kenntnisse und Fertigkeiten

Beeren ernten: sehr gut	Erntearbeiten: sehr gut
Verpacken: gut	

Eigenschaften

Einsatzbereitschaft: sehr gut	Flexibilität: sehr gut
Pünktlichkeit: sehr gut	Zuverlässigkeit: sehr gut

GEWÜNSCHTE ART DER KONTAKTAUFNAHME

Folgende Bewerbungsarten sind möglich

Per Telefon

Gewünschte Anlagen zur Bewerbung

Lebenslauf, Zeugnisse

Bewerbung ab

19.03.2008

Letzte Änderung	Anzahl Zugriffe

Stellenangebot der Bundesagentur für Arbeit für einen Arbeitsplatz als Ernthelfer/in lose, die, nach Angaben der Sachbearbeiterin, ihr Nichterscheinen schon in Kürze bereuen werden. Nachdem der bürokratische Teil erledigt und alles ordnungsgemäß erfasst ist, lädt uns der Bauer Schmidt ins Haus.

Im Esszimmer hat er zwei lange Eichentische zusammengeschoben. Rechts und links daneben stehen je zwei klappbare Sitzbänke, wie man sie von Dorffesten kennt. Am Kopf steht ein alter Chefsessel aus Buche, auf dem der Bauer Platz nimmt und uns nach einer kurzen persönlichen Vorstellung unseren Aufgabenbereich erklärt. Er erwartet jeden Morgen pünktliches Erscheinen um 4.15 Uhr, um dann eine Viertelstunde später mit der Ernte auf den Feldern beginnen zu können. In knapp zehn Minuten erläutert er uns den täglichen Arbeitsablauf und fragt dann in die Runde, wer bereits Erfahrungen in der Ernte mitbringt. Eifrig meldet sich eine kleinwüchsige, korpulente und etwas ältere Frau: »Ich war doch schon im letzten Jahr bei Ihnen. Auf mich können Sie zählen. Ich bin dabei!«

Von den anderen Arbeitssuchenden scheint keiner diese Euphorie zu teilen. Alle Blicke gehen unter den Tisch und wie in der Schule, wenn ein Lehrer eine Frage an die Klasse stellte, tut nahezu jeder so, als würde es ihn nichts angehen. Der Chef ist aufgrund dieser Reaktion etwas ratlos, und nun beginnt sich die Anwesenheit der Sachbearbeiterin von der Agentur für Arbeit so richtig auszuzahlen. Forsch zückt sie ihre Liste aus der Tasche und spricht jeden persönlich auf seine Bereitschaft, die harte Arbeit anzunehmen, an. Am Ende hat nicht einer den Mut, das Stellenangebot abzuweisen, obwohl über den Arbeitslohn bis zum jetzigen Zeitpunkt noch nicht ein Wort gefallen ist. Zufrieden lehnt sich der Bauer zurück und ich nutze die Situation, um die für mich wichtigste Frage zu stellen:

»Entschuldigung, was kann ich als Anfänger denn pro Stunde verdienen?«

B: »Das liegt ganz an Ihrem Einsatz. Sie werden bei mir pro Schälchen bezahlt.«

»Und wie viel kann ich pro Stunde ernten?«

B: »Das ist natürlich ganz verschieden. Doch Sie können bei vollem Einsatz auf gut 30 Schälchen kommen. Das wären dann 7,50 Euro pro Stunde!«

In diesem Moment zucken sowohl die Kleinwüchsige als auch die Sacharbeiterin zusammen. Diese Reaktion zeigt mir deutlich, dass die Aussagen des Bauern doch recht unglaubwürdig sind, und so frage ich die erfahrene Mitarbeiterin, was sie im letzten Jahr in der Stunde verdient habe. Diese persönliche Ansprache ist der Frau sichtbar unangenehm. Sie versinkt in die Bank hinein und wird immer kleiner, bis sie schließlich kaum mehr zu sehen ist. Fast schon zitternd und offenbar ohne jegliches Selbstwertgefühl erwidert sie:

KF: »Das weiß ich gar nicht mehr so genau. Ich glaube es waren so an die 20 Schälchen.«

»Das wären also 5 Euro pro Stunde?«

KF: »Ja, so ungefähr.«

Der Bauer unterbricht das Gespräch, um seine Aussage etwas zu relativieren.

B: »Es ist wirklich nicht genau zu sagen. Eins ist jedoch sicher, wir liegen über dem tariflichen Lohn für Erntehelfer!«

»Und wie hoch ist dieser in Brandenburg?«

B: »Der liegt genau bei 3,21 Euro brutto die Stunde! Sie sehen, wie fair mein Angebot tatsächlich ist. Also lassen Sie sich überraschen, wie viel Sie selbst zustande bringen.«

»Gut, wann soll es losgehen?«

B: »Voraussichtlich in zwei Wochen, doch das liegt am Wetter. Ich werde Sie früh genug telefonisch informieren. Und tun Sie mir einen Gefallen, mich nicht schon vorher anzurufen. Also, vielen Dank und bis in circa 14 Tagen!«

Nach dem Gespräch treffe ich die Sachbearbeiterin der Agentur für Arbeit vor der Tür.

»Entschuldigung, aber wie soll ich mir bei diesem Lohn auch noch ein Auto leisten?«

S: »Dafür können Sie doch einen Zuschuss bei uns beantragen. Da erhalten Sie pro Tag 18 Euro von der Agentur.«

»Und die sollen ausreichen, um die Kosten für mein Auto zu decken? Was ist mit der Anschaffung, der Instandhaltung und den laufenden Kosten für Versicherung und Benzin?«

S: »Das ist in dem Betrag enthalten.«

»Und wer zahlt vor oder nach dem Ernteeinsatz für mein Auto?«

S: »Seien Sie doch froh, dass Sie überhaupt etwas bekommen!«

Das Fordern wird gefördert

Auf der langen Fahrt in meine Heimat gehen mir die Gespräche noch einmal durch den Kopf. Es ist für mich unfassbar, dass eine Behörde zu solchen Konditionen und mit Methoden, die fast an eine Drückerkolonne erinnern, eine Arbeit nicht nur vermittelt, sondern den Arbeitssuchenden auch keine Wahl mehr lässt. Den Mitbewerbern war die Angst vor der Agentur und dem Bauern deutlich anzumerken. Selbstvertrauen war kaum noch wahrnehmbar und ihre Situation ließ keinen Platz für Protest. So waren sie unfreiwillig bereit, im Sinne der Agenda 2010 jede Arbeit zu allen nur erdenklichen Konditionen anzunehmen. Ob sie damit auch ihren Lebensunterhalt verdienen können oder gar eine Perspektive haben, wage ich zu bezweifeln. Der Hauptnutzen solcher Maßnahmen zur Senkung der Arbeitslosenzahlen um jeden Preis dürfte in der Kosmetik für die Statistik liegen.

Was bringt die Agenda 2010?

Das Einzige, was im Zuge der Agenda 2010 neben dem Fordern spürbar gefördert wird, ist offenbar das Lohndumping. Ob durch sittenwidrig anmutende Mini-Gehälter, Kombilohn oder 1-Euro-Jobs – es kommt aufs Gleiche raus: Das viel zitierte »Fordern und Fördern« erweist sich täglich und in immer mehr Berufen als genau das Problem, das es eigentlich lösen sollte. Millionen Menschen in diesem Land sind nicht nur arm trotz Arbeit, sondern sie sind auch arm *durch* Arbeit. Das betrifft die Friseurin und den Taxifahrer, den Musiker und die Kassiererin ebenso wie den nicht verbeamteten Lehrer und die Universitätsdozentin, die als akademisch ausgebildete Leiharbeiter meist nur für die Stunden bezahlt werden, die sie unterrichten. Sie sind nur Beispiele für all die Menschen, die in diese prekäre Lage durch Gesetze kommen, welche es ihnen so gut wie unmöglich machen, ihren Lebensunterhalt aus eigener Kraft und ohne »aufstockende« Sozialleistungen zu bestreiten. Und die gleichen Leute, die diese Gesetze – vielleicht sogar in gutem Glauben – formuliert, absegnet oder deren Folgen in Kauf genommen haben, beklagen sich auf sämtlichen medialen Kanälen über Faulenzer, verwöhntes Anspruchsdenken und explodierende Kosten in den Sicherungssystemen. Die Zeiten der sozialen Hängematte seien vorbei. Der Gürtel müsse enger geschnallt werden. Niemand dürfe auf Kosten der Allgemeinheit den Tag vertrödeln. Tausendfach gehörte Nullsätze. Vorgetragen im Ton moralisierender Anmaßung und meist von Leuten, die ihren Lebensunterhalt ebenfalls und fast vollständig aus Steuergeldern finanzieren. Wie viele von diesen Bescheidwissern haben auch nur einen einzigen Praxistest gewagt, um die Wirkungen ihrer am Schreibtisch verfassten Theorien auf Sinn und Nutzen zu überprüfen? Was treibt diese Menschen zu öffentlichen Aussagen, mit denen ganze Bevölkerungsschichten denunziert werden? Grobschlächtiger Zynismus, erschütternde Ahnungslosigkeit, kompletter Realitätsverlust? Ist Politik nur noch eine Karaoke-Show, in der gedankenlos nachgeplappert wird, was gerade über den Ticker läuft? Das Publikum jedenfalls applaudiert nicht mehr und wendet sich ab. Kein gutes Zeichen für eine Gesellschaft, die sich als offen und demokratisch versteht.

Mein Weg führt mich inzwischen vorbei an den wunderschönen Städten Leipzig und Weimar bis hin zum ehemaligen Grenzübergang bei Eisenach. Hier legte ich schon mehrfach eine kurze Pause ein. Die alte Grenzanlage mit den vielen Wachtürmen hält die Erinnerung an ein ehemals geteiltes Land noch am Leben. Doch wie weit sind wir nach der Wiedervereinigung tatsächlich gekommen? So stehen zwar heute hier keine Soldaten oder Zollbeamte mehr, doch eine Grenze ist immer noch geblieben: Heute machen die Löhne den Unterschied zwischen Ost und West. Im benachbarten Hessen liegt das Honorar für einen Erntehelfer bei 6,50 Euro brutto und nur wenige Kilometer weiter zahlt man tarifliche 3,21 Euro brutto – für exakt die gleiche Arbeit. Solange dieser Unterschied bestehen bleibt, wird sich in dieser Hinsicht für die Menschen im Osten nichts Neues tun.

Aller Anfang ist schwer!

Knapp drei Wochen nach unserer ersten Begegnung meldet sich der Bauer und bestellt mich für den kommenden Montag 4.15 Uhr auf seinen Hof. Erst vor einigen Tagen ist es mir gelungen, eine meinen finanziellen Möglichkeiten angepasste Unterkunft zu finden. In einem nur sechs Kilometer entfernten Ort beziehe ich ein 10 Quadratmeter winziges Zimmer mit Waschbecken. Toilette und Dusche befinden sich zur gemeinsamen Nutzung auf dem Gang. Die wenigen Möbel im Zimmer stammen noch aus den 1920er Jahren, lediglich das Bett wurde vor Kurzem durch ein Ikea-Modell ersetzt. Das alte Klappsofa und die Vitrine lassen neben dem Bett kaum noch Raum. Mit dem Tisch in der Mitte und den zwei Stühlen ist das Räumchen nahezu überfüllt und kaum begehbar. Ich habe einige Probleme, meine eigenen Sachen unterzubringen. Doch nach einer Stunde ist glücklicherweise alles verstaut und es ist an der Zeit, ins Bett zu gehen. Immerhin haben wir es bereits nach 22 Uhr und mir bleiben nur noch sechs Stunden, bis meine – zur Sicherheit – zwei Wecker mich aus dem Schlaf reißen werden.

Zu meiner angenehmen Überraschung werde ich in der Morgendämmerung durch ein Vogelkonzert geweckt. Ich schleppe meinen müden Körper ins Bad. Die erste Hürde ist genommen. Die eiskalte Dusche vertreibt den letzten Rest an Müdigkeit. Die übrigen Bewohner des kleinen Dorfes sind noch friedlich am Schlummern, lediglich die Zeitungszustellerin geht bereits ihrer Arbeit nach. Auf dem Weg zum Bauernhof noch schnell einen Kaffee aus der Thermoskanne und schon stehe ich vor meinem neuen Arbeitgeber. Von den gut 20 Bewerbern sind mit mir nur noch zehn Arbeitslose und zusätzlich sechs polnische Erntehelferinnen anwesend. Unser ebenfalls polnischer Aufseher Gregor erhält vom Bauern noch kurze Anweisungen und schon machen wir uns zu Fuß auf zu einem gut 500 Meter entfernten Feld. Unser Ziel ist ein großer Anhänger, mit dunkelgrüner Plane bezogen, in dem die Arbeitsmaterialien untergebracht sind.

Mich wundert dabei kaum, dass außer mir und drei anderen männlichen Kollegen nur Frauen in unserem Team sind. Im Niedriglohnsektor ist das weibliche Geschlecht mehr als stark vertreten – das gilt für die Industrie genauso wie für die Landwirtschaft, für die Dienstleistungsbranche ebenso wie für Gesundheitsberufe. Zu Beginn erhalten wir Männer den Auftrag, sämtliche Materialien aus dem Hänger zu räumen. Da sind zunächst große Kartons, in denen wiederum die Erdbeer-Schälchen untergebracht sind. Dahinter liegen kleine Holzpaletten und die Erntewagen. Jeder schnappt sich einen der blauen Karren und legt eine Palette auf die dafür vorgesehene Ladefläche. Darauf wiederum nur noch zehn kleine 500-Gramm-Schälchen und schon kann es losgehen. Unser Aufseher teilt jedem eine der 120 Meter langen Reihen zu und zeigt uns einige Probeexemplare, damit wir sehen, wie groß und reif eine Erdbeere sein muss, um seinen Ansprüchen zu genügen. Wie auf Kommando legen die polnischen Kräfte sofort und mit Volldampf los.

Bei uns deutschen Arbeitslosen ist die Reaktionszeit deutlich länger. Das Arbeitstempo lässt sich gemäßigter an und bereits nach einer halben Stunde beginnen die ersten laut zu stöhnen. Das Problem ist, dass die Erdbeeren ihrem Namen entsprechend an kleinen Sträuchern nahe der Erde heranwachsen. Um diese ordnungsgemäß abzupflücken, muss man ständig in tief gebückter Haltung arbeiten. Das ist in den ersten Minuten auch noch erträglich, je länger der Tag jedoch wird, umso schwerer fällt diese Haltung. Teilweise fühlt man sich nach einigen Stunden wie ein 85-Jähriger, der sich nur noch im Zeitlupentempo aufrichten kann. So ist die Erleichterung groß, als unser Aufseher nach drei Stunden das erste Mal zur Pause ruft. Mir ist es gelungen, bei vollem körperlichem Einsatz in den ersten drei Stunden genau 30 Schälchen zu füllen. Doch wie sieht es bei meinen Kolleginnen aus? Haben sie bereits mehr gepflückt und liegen dadurch näher an dem vom Bauern versprochenen Lohn-Ergebnis?

Ich setze mich neben die kleine Frau, die schon im vergangenen Jahr als Erdbeerpflückerin Erfahrungen sammeln konnte.

»Puh, ganz schön anstrengend, die Arbeit. Gewöhnt man sich mit der Zeit an die gehockte Haltung?«

KF: »In den ersten Tagen ist es immer besonders schlimm, doch nach zwei Wochen wird es besser.«

»Und ist es ab dann möglich, mehr zu ernten?«

KF: »Nicht unbedingt, es fällt einem nur leichter.«

»Wie viel hast du denn schon gepflückt?«

KF: »Es geht schon besser als im letzten Jahr. Bin bereits bei 20 Schälchen!«

»Das sind nicht einmal zwei Euro brutto die Stunde. Viel weniger, als es uns der Bauer versprochen hat. Was hast du denn im letzten Jahr verdient?«

KF: »Wenn alles gut ging, schaffte man im Schnitt zehn Schälchen die Stunde. In den ersten 14 Tagen hatte ich nach allen Abzügen ganze 70 Euro.«

»Und wie kannst du davon leben?«

KF: »Mein Mann verdient zum Glück recht gut und ich gebe dann meins noch dazu, und so kommen wir gerade über die Runden.«

In diesem Moment unterbricht uns der Aufseher und macht Druck, die Pause nun endlich zu beenden. Nach einer weiteren Stunde geben einige der Kolleginnen die gehockte Haltung bereits auf. Auf den Knien robben sie weiter und mit zunehmender Arbeitszeit nimmt das Pflückergebnis rapide ab. Als ich mir von einer Kollegin helfen lassen muss, wieder aufrecht stehen zu können, ist es auch für mich an der Zeit, die Pflücktechnik umzustellen. So krieche ich wie die anderen auf den Knien weiter und sehne den Feierabend herbei. Dabei rückt das erreichte Ergebnis immer mehr in den Hintergrund. Nein, mein Körper hat genug und ist zusätzlich durch die erbarmungslos brennende Sonne ausgelaugt. Nach weiteren drei Stunden ist das tägliche Ziel endlich erreicht und der Bauer gibt sich mit den bisher gepflückten Paletten zufrieden. Auf dem Weg zurück zum Hof gelingt es mir, ein kurzes Gespräch mit unserem Aufseher zu führen.

A: »Und wie viel hast du heute?«

»Immerhin 60 Schälchen in den sechs Stunden.«

A: »Oh, das ist doch sehr gut für den ersten Tag. Da sind nur meine Polinnen schneller.«

»Ja, das ist mir schon aufgefallen. Hut ab vor den alten Damen, doch was ist mit ihren Männern?«

A: »Die sind in Irland am Ernten.«

»Wieso denn das? Die haben doch hier nur ein paar Kilometer Anfahrt.«

A: »In Irland verdienen sie mehr als das Doppelte!«

»Warum das?«

A: »Der Mindestlohn liegt bei knapp 10 Euro und dazu bekommt man noch eine Leistungszulage. Da lohnt sich die harte Arbeit wirklich. Die bekommen gut 100 Euro pro Tag.«

»Das ist ja mehr als das Sechsfache von meinem Lohn und das für die gleiche Arbeit.«

A: »Steht dir ja frei, auch dahin zu gehen!«

Das Einsteigen ins Auto ist mir noch nie im Leben so schwer gefallen. Nach sechs Stunden Knochenarbeit verlasse ich den Hof und mache mich niedergeschlagen auf den kurzen Weg zu meiner Unterkunft. Bisher war mir die steile Treppe, welche mich in die erste Etage führte, gar nicht aufgefallen. Jetzt schmerzt jede einzelne Stufe, und ich ahne, dass ich sie in den nächsten Tagen noch verfluchen werde. Im Zimmer angekommen, ist mein erstes Ziel das Bett, welches zum Glück stabil genug gebaut ist, um mein schwungvoll platziertes Körpergewicht zu ertragen. Jetzt noch schnell aus der Kleidung heraus und endlich nur flach liegen. Doch als ich die Jeanshose ausziehe, sehe ich meine von Mückenstichen malträtierten Waden. Bis zu diesem Zeitpunkt waren mir die roten Knubbel nicht aufgefallen, und durch die stetige Reibung am Hosenstoff hatte sich die ein oder andere schon entzündet. Zum Glück habe ich die passende Salbe zur Hand und kann wenigstens den beginnenden Juckreiz lindern. Doch mir tut nicht nur der ganze Körper, sondern auch die finanzielle Seite weh: Ich bekomme für diese Schufterei am ersten Tag gerade einmal 2,50 Euro brutto pro Stunde. Mit etwas Training und zunehmender Geschicklichkeit werden daraus in den nächsten Tagen vielleicht um die 3 Euro. Hochgerechnet wären das für einen Monat zwischen 350 und 400 Euro. Brutto. Wie ich davon meinen Lebensunterhalt bestreiten soll, ist mir ein Rätsel. Doch die Hoffnung, mein Ergebnis noch mehr zu steigern, beruhigt die Sorgen erst einmal ein wenig. Ist mir doch von meinen vielen bisherigen Arbeitsstellen bekannt, dass aller Anfang schwer ist. Einige Sekunden später schlafe ich erschöpft und seelenruhig ein.

Die guten ins Töpfchen ...

Heute ist es nicht die frühe Zeit, sondern eher der stark ausgeprägte Muskelkater, der mir das Aufstehen zur Qual macht. Bei der kleinsten Bewegung spüre ich die Muskelpartien um den Lendenbereich und in den Oberschenkeln. Bereits am zweiten Tag signalisiert mir mein Körper, doch besser noch ein bisschen liegen zu bleiben, und ich kämpfe länger als 15 Minuten mit meinem inneren Schweinehund. Allen Widerständen zum Trotz besiege ich ihn schließlich und mache mich auf den Weg.

Der polnische Aufseher und meine Kollegen begrüßen mich recht freundlich per Handschlag. Zu meiner Überraschung sind alle vollzählig angetreten. Ich hatte gerade bei den älteren Kolleginnen – von denen die eine oder andere die 50 weit überschritten hat – ein Fernbleiben erwartet.

In den kurzen Gesprächen auf unserem Fußmarsch zum ersten Erdbeerfeld geht es meist um das Wohlbefinden und die vom Muskelkater betroffenen Partien, aber auch um die Probleme mit den Mückenstichen. Es gibt nicht einen Kollegen, der den Tag ohne Schmerzen angeht. Dennoch ist die Stimmung sehr gut, denn die harte körperliche Arbeit von gestern hat uns zu einer Gruppe zusammengeschweißt. Nach knapp 15 Minuten erreichen wir endlich das Feld für die heutige Schicht, und wie üblich bereiten wir wenigen Männer die nötigen Arbeitsmittel wie Wagen, Kisten und so weiter vor. Währenddessen ruft unser Aufseher den polnischen Erntetrupp zusammen. An dem laut geführten Gespräch und dem devoten Verhalten der älteren Damen ist klar zu erkennen, dass hier etwas Unangenehmes passiert. Doch was hat der Aufseher an den polnischen Frauen auszusetzen? Es dauert nur wenige Minuten und schon sollte sich dieses Rätsel lösen. Die polnischen Frauen schütteln noch verständnislos mit den Köpfen, als sich unser Aufseher wieder uns zuwendet.

A: »Leute, das war gestern absoluter Mist! Viele Erdbeeren hatten Druckstellen und einige waren noch nicht richtig reif. Ich muss euch deshalb drei Paletten von gestern abziehen.«

Einer der zwei deutschen Kollegen signalisiert sofort, dass er mit der getroffenen Entscheidung nicht einverstanden ist. Der 55 Jahre alte Mann geht sofort in die Offensive.

M: »Ich glaube, ihr spinnt wohl! Auf der einen Seite zahlt ihr uns nur nach Leistung und zieht uns dann am nächsten Tag auch noch was von dem bisschen ab.«

A: »Das zu Recht, denn die Leistung war eben nicht perfekt. Ihr müsst euch besser konzentrieren und ganz einfach etwas langsamer und sorgfältiger arbeiten!«

M: »Natürlich, dann verdienen wir ja noch weniger. Ihr müsst uns halt nach Stunden bezahlen, dann können wir uns es auch leisten, etwas langsamer zu arbeiten.«

A: »Das wird mit dem Bauer nicht zu machen sein!«

M: »Ist mir klar. Der will natürlich so viel Geld wie möglich an uns verdienen. Doch wer zahlt uns zum Beispiel die Zeit zum Erreichen der Felder? Wir haben doch jetzt schon knapp eine Stunde mit dem Fußweg und dem Aufbau vertan. Zur Belohnung bekommen wir dann auch noch einen Lohnabzug, obwohl davon sowieso kaum etwas übrig bleibt. Willkommen im puren Manchesterkapitalismus!«

A: »Wenn du damit ein Problem hast, musst du das mit dem Bauern besprechen. Jetzt aber auf, genug Zeit verschenkt.«

Die polnischen Frauen haben sich schon mit Erntewagen und Palette in Stellung gebracht. Die deutsche Hartz-IV-Truppe zeigt sich allerdings weniger motiviert, und es vergeht eine gute Viertelstunde, bis auch wir so weit sind. Im Gegensatz zum vorangegangenen Tag wird die erste Stunde aufgrund der Rückenschmerzen sehr schwer. Die Bewegungen sind fast bleiern und jedes zusätzliche Bücken und Wiederaufrichten findet nur noch im Zeitlupentempo statt. Zudem ist die Erdbeersorte recht klein und zu gut zwei Dritteln noch unreif, und gerade das macht das Befüllen der Schalen besonders schwierig. Das bedeutet: Heute müssen wir uns nahezu dreimal so viel bücken, um das gleiche Resultat wie am Vortag zu erreichen. Der Bauer kann dies allerdings sehr gelassen hinnehmen, da er nach Leistung bezahlt. Ihm kann es egal sein, ob wir um die zwei Stunden länger mit der Arbeit beschäftigt sind. Das Risiko tragen alleine wir, die Erdbeerpflücker. Als unser Aufseher nach zwei Stunden zur ersten Pause ruft, ist die Stimmung unter den Kollegen sehr angespannt. Trotz gleichem körperlichen Einsatz kam bisher niemand der Arbeitslosen über zehn Schälchen und somit in den ersten beiden Stunden auf nicht einmal 1,25 Euro brutto in der Stunde. Bei unseren polnischen Kollegen sieht das Ergebnis allerdings weit besser aus.

Die erfahrenen Pflückerinnen hatten sich die besten Reihen vorher schon ausgeguckt und kamen in der gleichen Zeit auf das vierfache Ergebnis. Und obwohl den Hartz-IV-Kollegen der Unmut anzusehen ist, fehlen ihnen der Schwung und das nötige Selbstvertrauen, um sich zur Wehr zu setzen. Lediglich der älteste Kollege, Franz, setzt seinen Disput mit dem Aufseher fort:

F: »Du willst uns wohl verarschen, oder meinst du etwa, wir merken nicht, dass du deinen Kolleginnen die besten Reihen zuteilst?«

A: »Das stimmt doch gar nicht!«

F: »Mach doch nur mal die Augen auf und guck, wie viel die bisher geerntet haben. Das ist locker viermal so viel wie bei uns. Da kann doch was nicht stimmen!«

A: »Wenn du meinst. Wir können ja gerne am nächsten Feld die Reihen vorher auslosen. Dann kann sich wohl niemand mehr beschweren, oder?«

F: »Na, das ist doch mal ein guter Vorschlag.«

Nach einer weiteren Stunde ist das erste Feld abgeerntet, und wir packen unsere Utensilien zusammen, um auf das nächste Feld umzuziehen. Das allein dauert eine knappe und unbezahlte halbe Stunde. Währenddessen teilt unser Aufseher jedem eine Nummer zu und stellt sich vor die erste Reihe. Mit einem Hut in der Hand, in dem die selbstgemachten Lose liegen, zieht er nun die erste Nummer. Ich erhalte den Zuschlag für die fünfte Reihe und bin nach dem Startschuss doch recht überrascht über die neue Sorte Erdbeeren, die nun zu pflücken ist. So große Erdbeeren habe ich in meinem Leben noch nicht zu Gesicht bekommen. Unter den Kollegen wird dieser Typ recht schnell zur beliebtesten Sorte, denn mit nur zehn bis zwölf Erdbeeren ist die Schale bereits gefüllt. Die Stimmung bessert sich sehr schnell wieder und scherzhaft wird diese Frucht kurzerhand zur Tomate umgetauft. In weiteren drei Stunden ist das Feld abgeerntet und jeder hat den »Verlust« vom Morgen wieder ausgeglichen. Nach den vergangenen sechs Stunden bin ich bei sieben Paletten à zehn Schälchen angelangt und wie meine Kollegen körperlich und geistig auf den Feierabend eingestellt. Als wir gerade dabei sind, alle Gerätschaften wieder einzuräumen, lässt sich der Bauer blicken und nimmt den Aufseher beiseite. Dem Gesicht des polnischen »Untertans« ist anzusehen, dass er mit den neuerlichen Anweisungen seines »Herrn« nicht ganz einverstanden ist. Doch Befehl ist nun einmal Befehl und so blieb ihm nichts anderes übrig, uns die unangenehmen Neuigkeiten mitzuteilen: »Sorry, aber der Bauer hat für heute noch nicht genügend Erdbeeren. Wir müssen noch einmal umziehen und ein weiteres Feld abernten.«

In diesem Moment sinkt die Stimmung nahezu auf den Nullpunkt. Kaum jemand kann sich noch aufrecht bewegen und die erbarmungslos scheinende Sonne gibt uns den Rest. Es sind mittlerweile knapp 30 Grad und es weht nicht das geringste Lüftchen. Man muss sich schon Sorgen machen um die eigene Gesundheit, aber auch um die der Kollegen und Kolleginnen. Ein Protest gegen diese Entscheidung will sich allerdings nicht formieren. So ziehen wir missmutig weiter zum nächsten Feld. Die Sonne hat bereits ihren Zenit erreicht und sorgt bei den wenigen ungeschützten Körperpartien für gehörige Verbrennungen. Im Schneckentempo und auf den Knien oder dem Hintern hockend, robben wir durch die langen Reihen, deren Ende noch nicht in Sicht ist. Erst gegen 12.30 Uhr, also nach acht Stunden harter Feldarbeit, entlässt uns der Bauer für den heutigen Tag. Ich habe mit zehn Paletten genau 25 Euro brutto verdient, also 3,10 Euro pro Stunde, und bin reif für ein ausgedehntes Mittagsschläfchen. Doch wie viel ich von den *guten* Früchten tatsächlich ins Töpfchen und damit zur Abrechnung gebracht habe, werde ich erst am nächsten Tag erfahren.

Für nur einen Schluck Wasser

Heute sind es mehr die unzähligen Mückenstiche, die mir das Leben schwer machen. Einige haben sich stark entzündet, das rechte untere Bein ist nahezu komplett gerötet und zeigt eine allergische Reaktion. Durch die stetige Arbeit in gebückter oder kniender Körperhaltung spannt die Jeanshose gerade im Wadenbereich. Bei der kleinsten Bewegung reibt der Stoff über die Einstichstellen und sorgt so dafür, dass diese unablässig gereizt werden. Als ich nach dem Aufstehen, wie gewohnt, in meine Arbeitshose steigen will, ist die Wade bereits so angeschwollen, dass sie nur unter Schmerzen im engen Hosenbein Platz findet.

Diese rechte Wade beschäftigt mich so, dass ich den Muskelkater im Rücken erst zu Arbeitsbeginn spüre. Nach einer Stunde Feldarbeit lässt sich der Bauer blicken, um sich bei uns für den längeren Einsatz am gestrigen Tag zu entschuldigen. Dann nimmt er sich den polnischen Aufseher beiseite und wieder ist an dessen Reaktion ablesbar, dass offenbar erneut ein harter Auftrag auf uns wartet. Es ist deutlich wahrzunehmen, dass seine Loyalität zum Bauern bröckelt. Nach weiteren zwei Stunden ruft er das erste Mal zur Pause.

Der hagere 1,90 Meter große Kollege Sven hat bisher kaum ein Wort verloren. Bisher ist er mir eher durch seine Zurückhaltung aufgefallen. Seinem steifen Gang ist anzumerken, wie sehr er unter den Bedingungen leidet. Er bewegt sich nur mit kleinen Schritten vorwärts, in einer Haltung, als hätte man ihm ein Brett am Rücken befestigt. Bei jedem Schritt bleibt mir nichts anderes übrig, als mitzuleiden. Hoffnungsfroh wendet er sich an unseren Aufseher:

S: »Finde ich gut, dass sich der Bauer für den harten Einsatz von gestern entschuldigt hat. Ich muss zugeben, mit letzter Kraft nach Hause gekommen zu sein. Aber das wird heute sicher anders, oder?«

A: »Da bin ich mir nicht so sicher. Der Chef hat uns einiges aufgeladen. Mal sehen, wie schnell wir fertig sind.«

S: »Also, so lange wie gestern wird es wohl nicht gehen. Eigentlich dürfen wir ja nur sechs Stunden am Tag arbeiten und sind auch nur für diese Zeit versichert. Sicherlich kann man mal eine Ausnahme machen, aber diese sollte nicht zur Regel werden!«

A: »Wir werden sehen, und jetzt weiter!«

Mittlerweile haben wir die sechs Stunden zum wiederholten Mal überschritten. Die Sonne scheint unerbittlich und die Hitze ist kaum noch zu ertragen. Doch ein Ende ist in weiter Ferne, denn erst die Hälfte des Feldes ist abgeerntet. Die Stimmung sinkt nahezu im Minutentakt und wird am polnischen Aufseher entladen. Sobald der Bauer jedoch zugegen ist, spürt man nahezu nichts von der Anspannung. Die Hartz-IV-Kollegen befürchten nach wie vor, bei einem Protest als Arbeitsverweigerer zu gelten und den Anspruch auf die staatlichen Leistungen zu verlieren. So fügen sie sich in ihr Schicksal und es stimmt mich traurig, zu sehen, wie sehr diesen Menschen ihr Selbstwertgefühl bereits abhanden gekommen ist. Die Angst vor behördlichen Streichungsmaßnahmen beherrscht ihr Handeln. Bei einigen ist sogar zu spüren, dass sie auch ohne zusätzliche Gehaltszahlung zu dieser körperlich harten Arbeit erschienen wären. Von wegen soziale Hängematte! Das hier erinnert eher an Frondienst und Leibeigenschaft.

Umso mehr erstaunt es mich, dass während meiner Tätigkeit auf dem Feld mir gegenüber von keinem der erwerbslosen Kollegen eine grundsätzliche Arbeitsunwilligkeit bestätigt worden ist. Im Gegenteil: Alle arbeiten, so gut sie können und ihre Gesundheit es zulässt. Jeder von ihnen zeigt tagtäglich vollen Einsatz. Und dieser ist heute mehr als gefragt. Erst gegen 12 Uhr haben wir das Feld abgeerntet und freuen uns auf den wohlverdienten Feierabend. Als wir jedoch gerade dabei sind, den Arbeitsbereich aufzuräumen, erscheint – wie am gestrigen Tag – der Bauer erneut. Das Gespräch mit unserem Aufseher wird jetzt etwas lauter und hektischer und er zeigt keine Bereitschaft, uns die Neuigkeiten mitzuteilen. So bleibt dem Bauern nichts anderes übrig, als uns mit Widerwillen persönlich anzusprechen:

B: »Leute, ich weiß, es ist hart, aber ich brauche noch einige Paletten für die Saftpresse. Ihr müsst noch einmal umziehen und noch ein Feld abernten!«

In diesem Moment senken sich die Köpfe und ein Protest scheint nahezu ausgeschlossen. Wenn da nicht unser kampfbereiter Kollege Franz gewesen wäre:

F: »Wir sind doch jetzt schon wieder knapp zwei Stunden über der Zeit und kaum einer ist in der Lage, sich noch zu bewegen. Dazu kommen noch die hohen Temperaturen. Wie soll das ein Mensch aushalten?«

B: »Ich weiß, doch das schaffen Sie schon!«

F: »Wie denn? Von den Kollegen hat kaum noch einer etwas zu trinken und das bei der Hitze. Es wäre wenigstens angebracht, uns mal 'ne Kiste Wasser hinzustellen. Das ist wohl das Mindeste, was man verlangen kann, dabei spreche ich besser nicht von einem Mittagessen.«

Ohne eine Antwort zu geben, verschwindet der Bauer. Wir warten eine Weile. Doch weder er noch frische Getränke kommen zurück. Uns bleibt nichts anderes übrig, als die Arbeit wieder aufzunehmen und zum nächsten Feld weiterzuziehen. Im Gegensatz zu den übergroßen Erdbeeren ist die Sorte hier extrem klein, und somit dauert es sehr lange, bis ein Schälchen gefüllt ist.

Nach einer weiteren Stunde ist nicht einer von uns mehr in der Lage, das Arbeiten gebückt oder kniend auszuführen. Einige robben auf ihrem Gesäß, andere legen sich vollkommen flach auf den Boden, während unser Aufseher uns mit einem lauten »Dawai, dawai!« weiter vorantreibt. Eine der polnischen Erntehelferinnen ist bereits nahe an einem Kreislaufzusammenbruch. Die 68-jährige korpulente Frau bessert sich mit der Arbeit ihre karge Rente auf, da auch in Polen die Preise stark angestiegen sind. Doch nun zeigt das Alter ihrem Körper Grenzen auf. Unter Mithilfe einer Kollegin schafft sie es gerade noch bis zum Anhänger, um dort wie ein nasser Sack auf den Boden zu sinken. Von den anderen mehr oder weniger ignoriert, geht die Arbeit weiter. Die Getränkevorräte sind längst aufgebraucht und der Bauer ist immer noch nicht in Sicht. Nahezu jeder einzelne Handgriff fällt mittlerweile schwer und wird von lautem Stöhnen begleitet. Meine rechte Wade pulsiert und hat bereits das Doppelte an Volumen erreicht. Zusätzlich brennt die Sonne auf die wenigen ungeschützten Stellen wie Nacken und Hände. Ein Ende der Schicht ist allerdings immer noch nicht in Sicht, als der Aufseher zur letzten Pause ruft. Die Überforderung verwandelt die bisherige Zurückhaltung der Kollegen in lauten Protest. Selbst die kleine, erfahrene Kollegin, der sonst nur schwer ein Wort zu entlocken ist, lässt ihrem Unmut nun freien Lauf. Die führende Rolle übernimmt jedoch wieder Franz.

F: »Na, wo ist denn jetzt der ›nette‹ Bauer mit unseren Getränken?«

A: »Keine Ahnung. Wird wohl was anderes zu tun haben.«

F: »Ist wohl mit der Bewässerung seiner Erdbeeren beschäftigt. Die bekommen wenigstens im Gegensatz zu uns ihr Wasser. Da braucht man ihn bestimmt nicht dran erinnern. Doch wir können hier auf dem Feld verdursten und es wird noch zugeguckt. Falls einer umfällt, sind doch noch genügend Arbeitslose da. Da kommt es auf einen mehr oder weniger nicht an – Sauerei!«

Der Aufseher hat bereits das Weite gesucht und der Hartz-IV-Trupp nickt nur einvernehmlich. Erst nach knapp zwölf Stunden Ernteeinsatz lässt sich unser Chef wieder blicken und ist sichtbar überrascht von den Aggressionen, die ihm entgegengebracht werden. Obwohl das Feld erst zu zwei Dritteln abgeerntet ist, entlässt er uns in den Feierabend. Wohl wissend, dass ohne diese Entscheidung ein Teil der Belegschaft das Feld sofort verlassen hätte und am anderen Tag nicht mehr erschienen wäre. In wenigen Minuten und mit allerletzter Kraft wird noch schnell aufgeräumt und jeder verlässt wortlos das Feld. Zu Hause angekommen, falle ich nach einer erfrischenden Dusche sofort in mein Bett, das ich bis zum nächsten Morgen nicht mehr verlasse.

Immerhin habe ich heute in zwölf Stunden genau 13 Paletten geerntet und somit 32,50 Euro brutto verdient. Macht 2,70 Euro pro Stunde. Weniger als gestern. Doch der Frust darüber rückt durch den harten Einsatz in den Hintergrund. Zur Mittagsstunde wäre ich, wie ein Großteil meiner Kollegen, auch bereit gewesen, für nur einen Schluck Wasser selbst auf diesen kargen Lohn zu verzichten.

Erdbeeropfer

Bereits die Reaktion des polnischen Aufsehers lässt uns erahnen, welche Aufgabe uns in der heutigen Schlacht erwartet. Seine Loyalität zum Bauern hat in den letzten Tagen zusehends nachgelassen und so zeigt er uns deutlich, dass er mit vielen der Entscheidungen nicht einverstanden ist. Jedem von uns steckt die harte Arbeit der letzten Tage in den Knochen. Kaum einer ist noch in der Lage, die optimale Arbeitshaltung einzunehmen und somit das Tempo der vergangenen Schichten einzuhalten. Hier geht es längst nicht mehr darum, das maximale Ernteergebnis, sondern einfach nur das Ende des Arbeitstages zu erreichen. Gerade den Älteren ist die Belastung deutlich anzumerken. Ihnen fällt das stetige Bücken besonders schwer, und ich stelle mir oft die Frage, warum sie nicht einfach den Job quittierten. Doch so einfach ist es eben nicht. Wie gesagt: Sie sind nicht freiwillig hier, sondern durch die Agentur für Arbeit zu diesem Job verpflichtet worden. Das Damoklesschwert einer Kürzung oder Streichung der Bezüge für bis zu drei Monate schwebt über ihnen, sollten sie selbst kündigen. Nahezu jeder der Zwangsverpflichteten kann bereits über Erfahrungen mit dieser strikten Politik berichten, die inzwischen ihr tägliches Handeln bestimmt. Sie sind bereit, jedem Befehl Folge zu leisten, ohne diesen auf

Sinn oder Unsinn zu hinterfragen. Lediglich auf dem Feld, wenn Aufseher und Bauer nicht zu sehen sind, lässt der eine oder andere seinen Unmut an den Erdbeeren aus. Und die Früchte zeigen sich als dankbare Opfer, von denen sicherlich keine Gegenwehr zu erwarten ist.

Nach den ersten drei Stunden haben wir das Feld abgeerntet, und unser Aufseher ruft zur Pause. Der hagere Sven schleppt sich mit letzter Kraft zum Anhänger und plumpst an einem der wenigen schattigen Plätze auf den Boden.

Ich spreche ihn an: »War wohl doch etwas zu viel an den letzten Tagen?«

S: »Ganz bestimmt! Im letzten Jahr hatten wir einfach mehr Leute und häufig bereits nach vier Stunden Feierabend. Nur in Notfällen mussten wir die sechs Stunden ran. Da war die harte Arbeit noch einigermaßen zu ertragen, aber in diesem Jahr ist es einfach zu viel!«

»Wie war denn dein Verdienst in den ersten vier Wochen in der letzten Saison?«

S: »Natürlich kaum der Rede wert. Ich lag kaum 100 Euro über den üblichen Hartz-IV-Bezügen.«

»Wie, so wenig? Aber die Zuschüsse von der Agentur kommen doch noch obendrauf?«

S: »Ja, ohne die tägliche Pauschale von 18 Euro hätte ich bedeutend weniger bekommen.«

»Und wieso gehst du dann noch arbeiten?«

S: »Weil es der einzige Job ist, der angeboten wird. So bin ich wenigstens für sechs bis acht Wochen im Jahr beschäftigt. Immer noch besser, als zu Hause zu sitzen. Nach einer Zeit fällt dir doch die Decke auf den Kopf.«

»Aber macht dir die Arbeit Spaß?«

S: »Nein, von Spaß kann keine Rede sein. Es tut allerdings gut, mal aus der Einsamkeit herauszutreten und wieder mit anderen Menschen in Kontakt zu kommen. Das Geld spielt dabei eine untergeordnete Rolle.«

»Und wie zahlst du deine Rechnungen und wovon dein Auto?«

S: »Das wäre ohne die Unterstützung meiner Eltern nicht möglich. Aber ohne Auto bist du gerade auf dem Land nahezu aufgeschmissen und nur schwer vermittelbar.«

»Was ist eigentlich, wenn wir mal krank sind? Der Bauer zahlt uns doch nur pro Schälchen. Wie wird das geregelt?«

S: »Dann kann ich dir nur empfehlen, dich abzumelden. Du kannst doch nicht auf die Kosten vom Bauern zu Hause bleiben. Nee, das wird dann unbürokratisch geregelt.«

»Das heißt, es gibt auch keine Probleme mit der Agentur?«

S: »Nein, das hatten wir schon. Da gab es keine Probleme. Das ging unbürokratisch.«

»Also, der Bauer ist fein raus. Er darf darauf hoffen, weder an Feiertagen noch bei Krankheit zahlen zu müssen. Er gewährt weder Urlaub noch sonstige Zusatzleistungen. Der Bauer zahlt einzig und allein für die tatsächliche Ernteleistung!«

Die kurze Pause ist zu Ende und der polnische Aufseher treibt uns zum nächsten Feld. Wieder einmal 20 Minuten Arbeitszeit, die vom Bauern nicht entlohnt werden. Nachdem die Paletten und die sonstigen Materialien an ihrem Platz sind, kann auch hier der Startschuss erneut fallen. Nicht jedoch, ohne vorher durch Losverfahren zu ermitteln, wem welche Reihe zugeordnet wird. Die Sorte der Erdbeeren auf diesem Feld ist bei allen Kollegen die Unbeliebteste. Kleine Früchte und lediglich ein Drittel von ihnen erntereif. Es benötigt erheblich mehr Zeit, um die Schälchen zu füllen. Zudem erhalten wir erneut die Order, auch die faulen und von Vögeln und anderen Tieren angefressenen Erdbeeren abzupflücken und wegzuschmeißen. Dies erfordert jedes Mal ein längeres oder zusätzliches Bücken, doch diese Arbeit wird sich im Lohn nicht bemerkbar machen. Die Motivation, diesem Auftrag Folge zu leisten, ist dementsprechend gering, und so bleibt die

Mehrzahl der angenagten Früchte am Strauch. Allein für die Ernte der genießbaren Erdbeeren brauchen wir bei großer Hitze mehr als vier Stunden.

Faule Kompromisse

Mittlerweile haben wir kurz vor Mittag und die vorgesehenen sechs Stunden weit überzogen. Bereits vor gut 60 Minuten hat unser Aufseher versucht, uns zum Endspurt zu motivieren. Dabei versprach er nach diesem Feld den sofortigen Feierabend. Diese Rechnung hatten wir jedoch ohne den Bauern gemacht. Kurz bevor wir die Arbeitsutensilien im Anhänger verstauen wollen, taucht er wieder auf und nimmt wie gewohnt den Aufseher beiseite. Gemeinsam machen sie sich auf den Weg zum ersten Feld und von weitem ist die Unzufriedenheit des Bauern zu sehen: Er wirft unserem Aufseher die »vergessenen« faulen Früchte von einer Pflanze vor die Füße, stapft davon und lässt ihn mit einem zusätzlichen Auftrag zurück.

A: »Leute, ich hatte euch doch den Auftrag gegeben, auch die faulen Erdbeeren zu ernten. Am ersten Feld habt ihr das wohl vollkommen ignoriert. Da müssen wir noch mal durch und alle faulen Früchte abernten.«

Wir sind mit den Kräften am Ende, nicken ergeben und machen uns erneut auf den Weg zum Feld. Doch Franz platzt der Kragen:

F: »Das darf doch nicht wahr sein. Damit sind wir locker noch zwei Stunden beschäftigt, ohne dass wir auch nur einen Cent dafür erhalten!«

A: »Das ist doch euer Versäumnis. Hättet ihr euch heute morgen mehr konzentriert, wäre jetzt Feierabend.«

Franz wendet sich mit hochrotem Kopf an die Kollegen:

F: »Und ihr lasst euch das alles gefallen? Das ärgert mich

noch mehr. Hier hat doch keiner den Arsch in der Hose, um mal seine Meinung zu sagen. Angsthasen seid ihr alle und solange ihr das mit euch machen lasst, wird es auch so geschehen. Ihr tut mir wirklich leid!«

Die Kollegen ignorieren den Wutausbruch von Franz und beginnen wortlos mit der aufgetragenen Arbeit. Unter Aufbietung unserer letzten Reserven fegen wir im Eiltempo über das Feld und sind nach 90 Minuten fix und fertig. Kaum einen interessiert noch das an diesem Tag erreichte Ergebnis. Alle wollen nur schnellstmöglich ins Bett.

Dort angekommen, rechne ich doch noch einmal nach: In den vergangenen zehn Stunden Feldarbeit habe ich genau 25 Euro brutto verdient, damit liegt mein durchschnittlicher Stundenlohn bei genau 2,50 Euro. Noch weniger als gestern und das auch noch brutto. Ich bin mir sicher, dass mit ein bisschen mehr Solidarität die letzten eineinhalb Stunden unbezahlter Maloche nicht hätten sein müssen.

Bei Honecker gab es mehr

Endlich Sonntag! Er ist der einzige freie Tag, bevor es in die nächste harte Arbeitswoche geht. Nach Abzug der Mietkosten bleiben mir nicht einmal zehn Euro für die Lebensmittel. Davon wird ein Großteil vom Kauf der Getränke verschlungen. Gestern hatte ich beim Discounter das Glück, sowohl Brot als auch Käse zum Sonderpreis zu erstehen. Das Mindesthaltbarkeitsdatum war kurz vor dem Ablauf und somit die Ware im Preis reduziert. Zwei Packungen Brot und eine Großpackung Gouda müssen die Ernährung der kommenden Woche sichern. Das Geld für eine warme Mahlzeit pro Tag hatte ich nun mal nicht verdient. Neben den kargen Nahrungsmitteln benötige ich auch noch Geld für mein Auto, um überhaupt zur Arbeit zu kommen. Zum Glück liegt mein Einsatzort – wie gesagt – nah an der polnischen Grenze, wo das Benzin knapp 15 Prozent günstiger ist als bei uns. So nutze ich meinen freien Tag neben dem Wäschewaschen auch dazu, den Tank zu befüllen. Das hart erarbeitete Geld fließt innerhalb von Sekunden hinein, und ich muss genau achtgeben, mein knappes Budget von 8 Euro einzuhalten. Der Tankwart schaut mich schon etwas verwundert an, ist er es doch gewohnt, dass wir Deutschen zum Volltanken nach Polen kommen. Ich lege ihm mein letztes Geld auf die Theke und hoffe, dass die fünf Liter Super reichen, um in der nächsten Woche täglich die insgesamt 60 Kilometer zum Bauernhof und zurück zu fahren. In der vergangenen Woche leuchtete die Reserveanzeige bereits zwei Tage zu früh auf, und schon kurze Zeit später begann die Kontrolllampe hektisch zu blinken. Der letzte Rest an Kraftstoff reichte gerade noch aus, um das rettende Ufer der Tankstelle zu erreichen. Diesmal wird das große Zittern wahrscheinlich erst ab Donnerstag beginnen.

In meinem Portemonnaie befinden sich jetzt noch exakt 27 Cent. Mit etwas knurrendem Magen ziehe ich vorbei an den vielen Imbissbuden im grenznahen Bereich. Für umgerechnet 50 Cent würde ich hier eine Bratwurst bekommen. Um den schmerzlich-verlockenden Gerüchen zu entgehen, flüchte ich in einen angrenzenden Park. Die Sonne scheint und ein Spaziergang an der frischen Luft ist schließlich umsonst. Nach einer knappen Stunde nehme ich auf einer der vielen Parkbänke Platz. Kinder ziehen mit ihren Eltern an mir vorbei. Nahezu jedes hat ein Softeis in den kleinen Händen – und ich beneide sie darum. Es ist ein beklemmendes Gefühl, dass ich mir trotz Vollzeitarbeitsstelle in der Ernte am Wochenende nicht einmal ein billiges Eis für einen halben Euro leisten kann. So schlendere ich weiter, vorbei an einem kleinen Markt. Händler bieten hier das frisch geerntete Obst und Gemüse der Saison an. Es gibt den beliebten Spargel für zwei Euro das Kilo und natürlich auch Erdbeeren für 1,50 Euro die Schale. Je länger ich mir das ansehe, desto stärker steigen Unbehagen und bald auch Wut in mir hoch. Immer deutlicher wird mir mit dem Warenangebot vor Augen geführt, wie wenig monetäre Wertschätzung meiner Arbeit und dem enormen körperlichen Einsatz entgegengebracht werden. Selbst im benachbarten Polen, mit seinen immer noch günstigeren Preisen, bin ich nicht in der Lage, mir auch nur ein Schälchen Erdbeeren zu leisten. In der vergangenen Woche habe ich im Schweiße meines Angesichts und mit meiner Hände Arbeit mehr als 500 davon gefüllt!

Echos aus der Zukunft

Pünktlich um vier Uhr klingelt am Montagmorgen mein Wecker. Obwohl es noch so früh ist, zeigt das Thermometer bereits 16 Grad und damit die Aussicht auf einen heißen Tag an. Bereits zu Arbeitsbeginn macht uns der Aufseher klar, dass auch heute wieder sehr viel zu tun sein wird. Er schickt uns auf das erste Feld, und in den kommenden drei Stunden ist der Muskelkater in Rücken und Beinen ein stetiger und lästiger Begleiter. Jede Art von Bewegung ist nur sehr langsam möglich und so lässt auch das Ernteergebnis deutlich nach. In der folgenden Pause ist der Frust der Kollegen hierüber deutlich zu spüren, und wieder einmal ist es Franz, der seinem Ärger Luft macht, und wir geraten in ein Gespräch:

F: »Mensch, da hab' ich ja damals bei Honecker in der Ernte mehr verdient!«

»Wie, das kann doch nicht sein!«

F: »Ist aber so. Ich habe mehr als drei Jahre in der Ernte gearbeitet und konnte gut davon leben. Wäre die Mauer doch nie gefallen. Dann ginge es mir heute besser!«

»Moment. Die DDR war ein totalitäres System, welches seine Bürger auf Schritt und Tritt hat beobachten lassen. Es gab weder Presse- noch Reisefreiheit. Das kann doch nicht dein Ernst sein, sich ein solches System zurückzuwünschen.«

F: »Das ist wohl die typische Meinung eines Wessis. Ich kann mich noch genau erinnern, wie es '89 zuging. Ihr habt uns förmlich mit eurem System überrannt. Jeder Wessi machte sich auf den Weg, um mit uns naiven Ossis ein Geschäft zu machen. Habt uns Telefon und Faxgeräte verkauft, obwohl wir noch Monate auf einen Anschluss warten mussten. Unsere Straßen sind in der ersten Zeit von euren alten Karossen nahezu zu Autofriedhöfen verkommen. Nee, ich kann dem Kapitalismus nichts Gutes abgewinnen.«

»Immerhin hast du die Freiheit zu reisen bekommen!«

F: »Rein pro forma sicherlich. Doch wie soll ich mir mit diesen Jobs auch noch einen Urlaub leisten? Das reicht nicht einmal zum Leben. Für mich hat sich persönlich daran nichts geändert.«

Während dieses Disputs positioniert sich der Aufseher und machte der erholsamen Pause ein jähes Ende. Nach einem kurzen Umzug geht es mit dem nächsten Feld weiter. Auf jeden der Kollegen warten wieder zwei Reihen von 120 Metern Länge, und es wird mehr als vier Stunden dauern, bis auch diese abgeerntet sind. Doch diesmal macht uns der polnische Aufseher vorher klar, dass unser Tagesziel damit noch lange nicht erreicht sein wird. So werden zum wiederholten Male aus den eigentlichen sechs Stunden mehr als zehn, und das Ergebnis reicht gerade so, um auf einen durchschnittlichen Stundenlohn von 2,50 Euro zu kommen. Im gleichen Tempo geht es auch an den folgenden Tagen weiter, und in dieser Zeit ist ebenfalls nicht mehr zu verdienen. Es ist enttäuschend zu sehen, dass der vom Bauern angepriesene Lohn von bis zu 7,50 Euro pro Stunde nicht im Entferntesten erreicht werden konnte. Ich fühle mich bis aufs Blut ausgebeutet und an der Nase herumgeführt.

Was bleibt, ist die bittere Erkenntnis, trotz aller Anstrengungen und Vollzeitarbeit von meinen Einkünften nicht leben zu können und dass Franz, zumindest mit seinem Blick auf die neue Arbeitswelt, vermutlich recht hat. Wenn man es einmal genau und mit einer gewissen Ironie betrachtet, ist der Ostrand Deutschlands gar nicht so rückständig, wie er in der medialen Öffentlichkeit häufig dargestellt wird. Er hat, was die Arbeitsverhältnisse betrifft, den – nur scheinbar – goldenen Westen bereits überholt, der sich gern noch ein wenig vom Glanz früherer Zeiten blenden lässt. Er beruhigt sich mit Klischees vom wilden Osten, um den neuen Realitäten nicht ins Auge sehen zu müssen. Doch aus den östlichen Landstrichen und Kleinstädten sowie aus weiten Teilen des Ruhrgebiets sind bereits heute die Echos einer Zukunft zu hören, die in Deutschland bald flächendeckend an der Tagesordnung sein könnte.

Keine Perspektive

Einige Wochen später wird mir aber erst einmal ein neues Stellenangebot der ARGE offeriert:

Der Obstanbau hat in Sachsen eine sehr lange Tradition. Bereits im 12. Jahrhundert begannen Mönche in einem Kloster mit der Kultivierung von Apfelplantagen. Dieser traditionelle Anbau wurde nach dem Zweiten Weltkrieg von einer LPG weitergeführt und nach der Wiedervereinigung in eine GmbH umgewandelt. Seit 1989 entwickelte sich dieses Gebiet zu einem der wirtschaftlich bedeutendsten Obstanbaugebiete unseres Landes. Auf großflächigen, modernen Plantagen wurden Äpfel, Birnen, Pflaumen und Kirschen angebaut. Die Grundlage für den erfolgreichen Anbau bilden der fruchtbare Lößlehmboden, die günstigen Temperaturen, ausreichend Sonnenschein und genügend Niederschlag. (...)

Das hört sich zunächst gut an. Und nachdem ich die Niederungen der Erdbeerfelder erlebt habe, bin ich gern bereit herauszufinden, ob es in den luftigen Höhen auf einem Apfelbaum ebenso problematisch ist, das eigene Auskommen zu sichern.

Für die anstehende Ernte der Sorten Golden Delicious, Idared und Jonagold, aber auch von altbekannten Sorten wie Gloster und Gala sucht das Unternehmen bis zu 30 Erntehelfer für einen begrenzten Zeitraum von sechs bis acht Wochen. Hierfür werden 18 Hartz-IV-Empfänger zu einem Bewerbungsgespräch auf dem Hof geladen. Als ich ihn nach einiger Suche erreiche, stehen bereits einige Autos auf dem Parkplatz. In einer Ecke vor einem großen Baucontainer hat sich eine kleine Gruppe von Arbeitssuchenden versammelt. Nach wenigen Minuten erscheint ein hektisch wirkenden Bauer. Der kleinwüchsige Mann mit kariertem Hemd bittet uns in den Container. Wir nehmen auf den aufgeklappten Holbänken Platz. Nahezu jeder der Anwesenden ist mit den üblichen Bewerbungsunterlagen ausgerüstet. Jederzeit bereit, dem Bauern Auskunft über den persönlichen Lebenslauf und Werdegang zu geben. Doch daran scheint er nicht im Geringsten interessiert zu sein. Lediglich die von der ARGE zur Verfügung gestellte Namensliste wird schnell und korrekt abgearbeitet. Alle 18 Bewerber sind ordnungsgemäß erschienen. Damit ist der persönliche Teil des Bewerbungsgesprächs erledigt.

B: »Ich möchte Ihnen nun ganz kurz erklären, was Ihre Aufgabe und Ihr Arbeitsbereich beinhalten. Aber zuvor würde ich gerne wissen, wer von Ihnen bereits Erfahrungen in der Ernte gesammelt hat?«

Die Hartz-IV-Empfänger schauen sich fragend an und nicht einer der zukünftigen Kollegen hebt die Hand. Auch ich nicht.

B: »Gut, dann muss ich wohl ganz von vorn anfangen. Wir beginnen jeden Morgen um sechs Uhr. Das bedeutet für Sie, dass wir uns hier um 5.30 Uhr treffen und dann gemeinsam auf die Felder fahren. Sollten Sie aus irgendwelchen Gründen verhindert sein, möchte ich Sie bitten, mir bis spätestens fünf Uhr Bescheid zu geben. Auf den Feldern arbeiten wir in Gruppen von je sechs Personen zusammen und mit sogenannten Erntetischen. Diese sind etwa einen halben Meter hoch, auf ihnen stehen Sie und pflücken die Äpfel in große Kunststoffwannen. Sobald das Team einen Baum abgeerntet hat, geht es an den nächsten. Dazu irgendwelche Fragen?«

Wie in der Schule schnellt der Arm eines jungen Mannes nach oben.

JM: »Wie lange arbeiten wir und was können wir dabei verdienen?«

B: »Genau kann ich Ihnen das nicht beantworten. Aber gehen Sie von zehn Arbeitsstunden aus, für die Sie 3,21 Euro pro Stunde erhalten. Sollte Ihr Team schnell arbeiten, kann dann noch eine Prämie von bis zu 10 Cent pro Stunde hinzukommen. Damit sich Leistung auch lohnt!«

Eine ältere Dame hakt nach:

D: »Wie viele Tage in der Woche soll das gehen?«

B: »Wir ernten von Montag bis Samstag. Den Sonntag lassen wir Ihnen zum Ausruhen, bei anderen wird da durchgearbeitet!«

D: »Das bedeutet 60 Stunden pro Woche – oder?«

B: »So ungefähr, es kann bei Bedarf auch länger gehen. Doch Sie bekommen ja jede Stunde bezahlt.«

D: »Und wie ist es, wenn es stark regnet?«

B: »Wir sind ein landwirtschaftlicher Betrieb und müssen ernten, wenn die Früchte reif sind. Auf das Wetter können wir dabei keine Rücksicht nehmen.«

D: »In der Anzeige, die ich bekommen habe, steht, dass wir ein Auto brauchen. Ist das denn wirklich notwendig?«

B: »Ohne Auto kommen Sie weder morgens zur Arbeit noch zum Feld. Sie brauchen es, weil wir uns manchmal auch direkt am Feld treffen. Kurz gesagt: ohne wird es schwierig!«

In diesem Moment klingelt das Mobiltelefon des Chefs, und er macht uns deutlich, dass das Gespräch nun beendet sei. Der Druck, der auf ihm lastet, ist körperlich spürbar und in nur wenigen Minuten macht er sich hektisch wieder auf den Weg. Die Ernte auf seinen Feldern hat bereits vor wenigen Tagen begonnen und sein rumänischer Erntetrupp ist schon bei der Arbeit. Die Witterungsbedingungen lassen in diesem Jahr jedoch eine Rekordernte erwarten, sodass sein Erntepersonal schnellstmöglich aufgestockt werden muss. Im Vorbeigehen macht er jedem der Anwesenden noch rasch seine Situation klar und führt uns zur Anmeldung in sein Büro. Hier erwartet uns bereits seine Sekretärin, bei der sich alle 18 noch am gleichen Tag zur Arbeit eintragen lassen.

Bereits morgen früh um 5.30 Uhr geht es los. Doch bis dahin ist noch einiges zu erledigen. Zunächst muss eine dem Verdienst entsprechende Unterkunft gefunden werden. Diese soll im Idealfall nicht allzu weit vom Hof entfernt sein. Nach kurzer, intensiver Suche finde ich eine Ferienwohnung in 20 Kilometer Entfernung zum Arbeitsplatz. Eine ältere Dame bessert ihre karge Rente mit der Vermietung des 15 Quadratmeter kleinen Apartments auf. Nach dem Tod ihres Ehemanns scheint sie etwas vereinsamt, denn sie zeigt sich glücklich, nicht nur einen Mieter, sondern auch einen Gesprächspartner gefunden zu haben. Bereits nach den ersten Stunden bietet sie mir freundlich an, die morgendlichen Brote und – gegen Aufpreis – auch ein Abendessen zuzubereiten.

Das Verhältnis zu ihr sollte sich in den kommenden Wochen so entwickeln, dass sie mich fast wie ein Familienmitglied behandelte und alles tat, um mir meinen Aufenthalt und die Pausen so angenehm wie möglich zu gestalten. Sie war von grenzenloser Offenheit und hatte ein herzliches Wesen. So fiel der Start in die Apfelernte doch erheblich leichter als von mir befürchtet.

Am nächsten Morgen klopft die rührige Dame an meine Tür. Es ist fünf Uhr und nun heißt es: keine Zeit verlieren, ab unter die Dusche, ein kurzes, köstliches Frühstück und schon geht es los.

Auf dem Parkplatz am Hof erwarten mich bereits die Kollegen. Vor ihnen steht der Bauer mit seiner Namensliste und ruft laut die Namen auf. Ich fühle mich ein bisschen wie beim morgendlichen Appell der Bundeswehr. Nachdem die Vollständigkeit nun auch bürokratisch festgehalten ist, stellt er uns noch kurz unseren Aufseher vor. Dieser verliert ebenfalls keine Zeit, setzt sich in sein Auto und wie an einer Perlenkette aufgereiht folgen ihm 18 Autos auf dem Weg zum etwa fünf Kilometer entfernten Feld. Dort angekommen, ergibt sich auch schon das erste größere Problem. Wo sollen die 18 Karossen nun ihren Parkplatz finden? Der Feldweg muss für den Apfeltransporter frei bleiben, und so lotst uns der Aufseher auf eine nahe gelegene Wiese. Im Stile eines geübten Parkwächters weist er jedem Einzelnen seinen Platz an, bis ein 20-Jähriger mit seinem gut zehn Jahre alten, aber sportlich tiefergelegten Wagen an der Reihe ist. Der energiegeladene Kraftprotz ist uns bereits durch seine unruhige und aggressive Art aufgefallen. Eine ältere Kollegin fuhr ihm wohl etwas zu zaghaft über die Kuppe, welche auf die Wiese führt. Mit lautem Geschrei und groben Beleidigungen in Richtung dieser Dame zog er bereits nach wenigen Minuten auch den Unmut der restlichen Kollegen auf sich. Als unser Heißsporn mit etwas zu viel Schwung dann auf der Kuppe aufsetzt und stecken bleibt, müssen wir unwillkürlich loslachen. Diese Peinlichkeit und der Spott der Kollegen bringt den Jungen binnen Sekunden zur Weißglut. Sichtbar wütend versucht er, durch ruckhaftes Vor- und Zurückfahren den Wagen wieder frei zu bekommen. Doch das Auto will nicht gehorchen, und so gräbt es sich allmählich in die Erde ein, die durch die massiven Regenfälle der Vortage ziemlich aufgeweicht ist. Der junge Mann lässt von seinem Tun erst ab, als der Frontspoiler aufsetzt und in tausend Teile zerbricht. Erst in diesem Moment fallen mir die Aufkleber auf, die mit Parolen des Dritten Reiches bedruckt und wie der Rest des Wagens mittlerweile weitgehend mit Dreck bedeckt sind. Mir rutscht etwas unkontrolliert der Kommentar heraus: »Deine Kiste ist ja voller braunem Unrat!« Das führt zum wiederholten lauten Gelächter der restlichen Kollegen inklusive unseres Aufsehers. Der bullige Jüngling macht den Eindruck, als wolle er auf meine Bemerkung sofort mit handfester Gewalt zu reagieren, doch bevor es dazu kommen kann, löst sich der Wagen durch einen plötzlichen Ruck. Wie vom Teufel besessen gibt der Fahrer Vollgas und verschwindet auf Nimmerwiedersehen. Seltsam, wie leicht so einer wie er in die Flucht zu schlagen ist ... Aber nun waren wir nur noch 17.

Nach diesem knapp dreißigminütigen Zwischenfall drängt unser Aufseher nun auf den schnellstmöglichen Arbeitsbeginn. In einem alten Bauwagen verstauen wir unsere Taschen, während uns der Aufseher bereits in zwei Sechser- und eine Fünfergruppe aufteilt. Erst jetzt fällt mir auf, dass die Frauen wieder einmal in der Überzahl sind. Nachdem sich der Junge verabschiedet hat, stehen sieben Männer zehn Frauen gegenüber. Die eigentlichen Erntekräfte, die meisten aus Rumänien, und wir Hartz-IV-Empfänger kommen miteinander nicht in Kontakt. Der osteuropäische Trupp von gut dreißig Helfern hat seine eigenen Pausenzeiten und bearbeitet die vom Aufseher zugewiesenen Reihen. Persönliche Begegnungen sind durch diese Regelung nahezu ausgeschlossen.

Während unsere Kollegen also bereits bienenfleißig die Äpfel ernten, erklärt unser Aufseher uns erst einmal die notwendigen Handgriffe: Unter den gut 2,50 Meter hohen Bäumen werden sogenannte Erntetische aufgestellt, von denen uns der Bauer bereits in Kenntnis gesetzt hat. Diese ermöglichen es uns, die Äpfel in angenehmer Pflückhöhe problemlos zu erreichen. Unsere Aufgabe besteht nun darin, die reifen Exemplare zu orten und mit gewisser Sorgfalt – um Druckstellen zu vermeiden – abzupflücken und in eine Kunststoffkammer zu legen. Als die erste der unendlich erscheinenden Reihen erfolgreich abgeerntet ist, ruft der Aufseher zur ersten Pause. Zur allgemeinen Überraschung hat der Bauer Thermoskannen, die mit frisch gebrühtem Kaffee gefüllt sind, im Bauwagen aufstellen lassen. Bei den inzwischen kühlen Herbsttemperaturen ist es eine Wohltat, ein heißes Getränk genießen zu können. Gleichzeitig wärmt der Becher die mittlerweile eiskalten Hände. Alles in allem haben wir mit den Witterungsverhältnissen bisher jedoch noch Glück gehabt. Es ist zwar stark bewölkt und windig, doch noch ist kein Tropfen Regen gefallen. Neben zwei älteren Damen und einem etwa gleich alten Mann arbeitet auch der 45-jährige Paul in meinem Trupp. In den ersten Stunden war sein Platz genau neben dem meinen, so dass ich seine schlechte Laune als Erster zu spüren bekam. Dem untersetzten und korpulenten Kollegen fiel es sichtbar schwer, die harte Handarbeit auszuführen. Schon nach wenigen Minuten lief sein Gesicht vor Anstrengung rot an und er begann, unaufhörlich und laut zu schnaufen. Diese stetige Überforderung seiner Leistungsfähigkeit ließ seine Stimmung von Minute zu Minute sinken. So nimmt er nun unzufrieden mit sich selbst und dem Rest der Welt auf der mir gegenüberliegenden Bank Platz.

P: »So ein Mist. Mir tun bereits jetzt alle Knochen weh.«

»Das geht uns doch auch so, Kollege. Das ist nun mal so bei körperlich harter Arbeit. Da sind die ersten Tage immer mit gehörigem Muskelkater verbunden. Doch das gibt sich mit der Zeit.«

P: »Die gleichen schlauen Sprüche musste ich mir schon von meinem Fallmanager anhören. Den würde ich mal gerne hier sehen.«

»Tja, der hat eben eine Ausbildung und muss sich das hier nicht antun.«

P: »Wenn es nur darum ginge, wäre ich hier ganz bestimmt auch fehl am Platz. Ich besitze sowohl als Maschinenschlosser als auch als umgeschulter Krankenpfleger eine abgeschlossene Berufsausbildung. Seit acht Jahren schiebt man mich von einer Maßnahme in die nächste. Immer mit dem Versprechen verbunden, danach endlich einen festen Job zu bekommen.«

»Und das hat bis heute nicht funktioniert?«

P: »Sonst wäre ich bestimmt nicht hier zwangsverpflichtet worden. Doch welche Zukunft sollte mir das bringen. Der Einsatz hier ist auf acht Wochen begrenzt, ohne jegliche Chance einer Übernahme. Wie soll ich mich bei diesen Voraussetzungen denn noch vernünftig motivieren? Dabei geht es mir nicht einmal darum, dass ich von 3,21 Euro in der Stunde mein Leben nicht ohne zusätzliche staatliche Unterstützung finanzieren kann. Nein, es ist diese grenzenlose Perspektivlosigkeit, die jegliche Motivation im Keim erstickt.«

»Und was sagt dein Fallmanager zu diesem Argument?«

P: »So wie ich das sehe, möchte der mich, wie schon bei den letzten Maßnahmen, doch nur für eine Zeit raus aus der Statistik kriegen. Dafür sind ihm offenbar alle Mittel recht.«

»Welche Mittel setzt er ein?«

P: »Als ich mich in der letzten Erntesaison weigerte, kürzte er meine Bezüge für drei Monate um 30 Prozent. Ich musste damals einen kleinen Kredit aufnehmen, um diese Zeit zu überbrücken. Dazu kam ein langer Kampf mit den Behörden. Der natürlich nicht von Erfolg gekrönt war – wie du heute siehst!«

Nach zehnstündiger Arbeit und acht erfolgreich abgeernteten Reihen entlässt uns der Aufseher an diesem Tag in den Feierabend. Mir schmerzen die Armpartien und der Rücken und ich bin froh und glücklich, als ich endlich meine Unterkunft erreiche. Am Abend geht mir das Gespräch mit Paul noch einmal durch den Kopf. Ich kann gut nachvollziehen, dass ein gut ausgebildeter Arbeitssuchender bei einem auf wenige Wochen befristeten Job und ohne Aussicht auf Übernahme in ein langfristiges Beschäftigungsverhältnis kaum Motivation aufbringen kann.

Bauer zeigt Erbarmen

Nach einer 60-Stunden-Woche im Ernteeinsatz habe ich 192,60 Euro brutto verdient. Genau 3,21 Euro pro Stunde. Darüber, wie ich dieses wenige Geld nun ausgeben könnte, muss ich mir kaum Gedanken machen, denn die Miete inklusive Nebenkosten hat bereits den Löwenanteil verschlungen und an meinem einzigen freien Tag der Woche sind die Geschäfte geschlossen.

Der Sonntag vergeht wie im Flug. Nachdem sich der ausgelaugte Körper die notwendige Erholung genommen hat, ist es Nachmittag. Da bleibt gerade noch Zeit, die Wäsche zu erledigen und alles für die anstehende 6-Tage-Woche vorzubereiten. Meine Vermieterin bereitet mir derweil den Sonntagsbraten vor und lädt mich gegen Abend zum fürstlichen Mahl ein. Mit vollem Magen falle ich ins Bett und wache erst wieder durch das nervende Klingeln meiner zwei Wecker auf. Bereits 30 Minuten später treffe ich erneut meine Kollegen auf dem Parkplatz vor dem Baucontainer. Bisher waren außer dem Jungen vom ersten Tag noch alle Hartz-IV-Empfänger dabei, und das, obwohl die erste Woche sehr anstrengend war. Am heutigen Tag zeigt sich allerdings das Wetter von seiner unangenehmen Seite für Menschen, die im Freien arbeiten. Das Thermometer am Baucontainer weist eine Temperatur von lediglich 7 Grad Celsius aus und dazu regnet es wie aus Kübeln. Nahezu jedem der Anwesenden ist anzusehen, dass er damit rechnet, bei diesen Witterungsbedingungen

Die Anstrengungen sind im Gesicht geschrieben

wieder nach Hause fahren zu dürfen. Doch unserem Aufseher scheint dies wenig auszumachen. Ohne ein Wort über den Regen zu verlieren, bittet er uns wie üblich, ihm zu folgen. Der Weg zur Apfelplantage ist aufgeweicht und die tiefen Furchen haben sich mit Wasser gefüllt. Es dauerte eine knappe Stunde, bis der Autocorso von Erntehelfern endlich sein Ziel erreicht. Der Regen hat den Boden so weit aufgeweicht, dass die Gummistiefel beim Aussteigen und Auftreten tief in dem Schlamm versinken. Nach einem kurzen Tee im Bauwagen werden uns die Reihen zugeteilt und schon geht es an die Arbeit – wenn auch unter erheblichem Protest einiger Kollegen.

In der ersten Stunde leistet die Regenjacke noch ihren Dienst. Durch das stetige Nach-oben-Greifen in die Baumkronen fließt allerdings das Wasser an den Armen vorbei und den ganzen Körper hinunter. Nach kürzester Zeit sind mein Kollege und ich vollständig durchnässt. Es ist mehr als unangenehm, den eiskalten Regen direkt auf der Haut zu spüren, doch unser Aufseher treibt uns erbarmungslos weiter. Nach etwa zwei Stunden erscheint der Bauer und ist entsetzt über die Arbeitsbedingungen. Er beordert uns in den

Bauwagen, in dem seine Frau bereits mit einer kleinen Gasheizung für eine angenehme Temperatur sorgt. Zudem stehen warme und kalte Getränke auf den Tischen. Eine der älteren Frauen macht dem Bauern sehr schnell klar, dass dies ihr letzter Arbeitstag gewesen sei. Binnen kürzester Zeit setzt sie sich wütend ins Auto und fährt nach Hause. Der Bauer sieht seine Felle davonschwimmen und interveniert umgehend.

B: »Leute, ich weiß, dass wir bei diesem beschissenen Wetter normalerweise keinen Hund vor die Tür schicken. Ich steh jedoch etwas unter Druck. Die Äpfel müssen abgeerntet werden, bevor sie verfaulen.«

Eine der älteren Frauen meldet sich zu Wort.

F: Es bringt Sie aber auch nicht weiter, wenn wir morgen alle krank sind. Ich bin bis auf den BH vollkommen nass und der kalte Wind gibt mir noch den Rest. Ich friere bereits nach zwei Stunden am ganzen Körper, obwohl ich mich schnell bewege. Nein, wenn wir jetzt nicht wie die Kollegin in trockene Sachen kommen, wird wohl morgen kaum einer in der Lage sein, zu arbeiten!«

B: »Gut, das verstehe ich. Lasst uns doch einen gangbaren Kompromiss finden. Ich würde vorschlagen, dass wir bis Mittag weiterarbeiten und dann Feierabend machen. Nass seid ihr jetzt sowieso und ich brauche wirklich die Äpfel, sonst könnt ihr sofort gehen. Also los, kämpft euch die zwei Stunden noch durch, ich zahl euch auch den ganzen Tag.«

Die monetäre Motivation war schon immer eine sehr erfolgreiche Methode, um Mitarbeiter zu bewegen. Bevor wir den Bauwagen wieder verlassen, besorgt uns der Bauer noch Klebeband. Mit diesem binden wir uns gegenseitig die Regenjackenärmel zu. Doch wer jemals im Leben gegen Wasser angekämpft hat, weiß, dass es immer seinen Weg findet. Die alles durchdringende Feuchtigkeit und der eiskalte Wind machen den ganzen Körper klamm. Manchmal fallen mir die frisch geernteten Äpfel aus der Hand auf den Boden. Dies ruft dann zügig unseren Aufseher auf den Plan. Mit Argusaugen beobachtet er jeden Handgriff seines Hartz-IV-Einsatztrupps. Der 60-jährige Frührentner ist ein etwas unangenehmer Zeitgenosse. Vermeintliche Fehler kommentiert er mit lautstarkem Gebrüll.

A: »Jetzt hab ich dich schon über längere Zeit beobachtet und gesehen, dass du einfach zu viele Äpfel auf den Boden fallen lässt. Du Idiot sollst die Äpfel in die Wanne und nicht auf die Erde werfen.«

»Mal schön langsam, der Herr, nicht, dass der erhöhte Blutdruck noch zum Infarkt führt. Ich versuch schon mein Bestes zu geben, aber die Dinger sind einfach aalglatt. Also, Holzauge sei wachsam, sonst verpasst du noch einen der Apfelstaatssicherheit zu melden.«

Diese ironisch-bissige Bemerkung und die Lacher der umstehenden Kollegen bringen ihn zur Weißglut und ein Schwall von Beleidigungen ergießt sich über mich. Erst eine Stunde später, als der Bauer zur Mittagspause auftaucht, hat sich unser Aufseher wieder etwas beruhigt.

Es geht auch menschlich

Die Bäuerin legt warme Decken auf die Sitzbänke des Bauwagens und mitten auf dem Tisch steht bereits ein großer dampfender Topf, in dem sich selbstgemachtes Gulasch befindet. Zudem hat sie wie üblich frischen Kaffee und Tee aufgebrüht. Schnell machen die warmen Speisen und der gut beheizte Wagen das schlechte Wetter vergessen. Bereits nach kurzer Zeit steigt die Stimmung der Anwesenden und selbst dem sonst so verbittert wirkenden Aufseher huscht ein leichtes Lächeln über die Lippen. Und wie versprochen hält der Bauer schließlich sein Wort: Er entlässt uns nach dem Essen in den Feierabend und zahlt für sechs Stunden tatsächlich 31,20 Euro. Der rumänische Erntetrupp hingegen arbeitet auf eigenen Wunsch weiter.

Nur noch mit Staatsgeldern konkurrenzfähig

Wenige Tage später hat sich das Wetter immer noch nicht wesentlich gebessert. Zwar regnet es nicht mehr dauerhaft. Doch die immer wiederkehrenden Schauer sind so intensiv und der Wind so schneidend, dass die Kleidung bereits nach kurzer Zeit durchnässt ist und der Körper friert. Dem Bauern ist der Druck deutlich anzumerken, geht es doch mittlerweile um seine Jahresernte und somit auch um seine Existenz. In erster Linie beliefert er den Großhandel, und der pocht eindringlich auf die Einhaltung der vereinbarten Mengen. Diese konnten jedoch in den vergangenen Tagen nicht erreicht werden, und nun klingelt sein Telefon stetig. Für ihn entwickelt sich die Apfelernte in dieser Saison zu einem Seiltanz. Auf der einen Seite drängen die Großkunden und auf der anderen Seite arbeiten die unzufriedenen Erntekräfte am Rande des Hinschmeißens. Wegen der harten Witterungsbedingungen sind in den letzten Tagen bereits drei weitere Kollegen ausgestiegen. Den restlichen versucht der Bauer, gemeinsam mit seiner Frau, die Pausen so angenehm wie möglich zu gestalten. Warmer Tee und Kaffee gehören mittlerweile zur Grundausstattung im Bauwagen. Die Bäuerin serviert täglich eine selbst gemachte Suppe, und ein eigens angebrachter Gasheizstrahler wärmt den Raum angenehm auf. Selbst die durchnässte Arbeitskleidung kann so etwas trocknen. Der andauernde Kampf gegen die Witterungsbedingungen überwiegt den harten körperlichen Einsatz deutlich. So hat inzwischen nahezu jeder mit Husten und Schnupfen zu kämpfen. Selbst bei den rumänischen Erntehelfern lässt die Leistung erheblich nach, so dass wir nach sechs Stunden Apfelernte nicht einmal ein Drittel des vorgesehenen Tagesziels erreichen. Der Chef bleibt trotz der enormen Anspannung freundlich und ruft uns zum Mittagessen. Als wir alle gemeinsam mit dem Essen beginnen, macht er uns seine Situation nochmals deutlich.

B: »Leute, ich bin jetzt seit 52 Jahren Bauer und ich weiß, wie hart die Arbeit ist. Wir sind nun mal im Freien und müssen mit dem Wetter leben. Ich würde euch für die Arbeit gerne mehr Geld zahlen, doch der Markt lässt dies nicht zu!«

»Haben sich die Marktbedingungen in den letzten Jahren erheblich verschlechtert?«

B: »Ja, und sogar enorm. 1996 habe ich für die Tonne Äpfel umgerechnet noch 55 Euro von meinem Großhändler bekommen. Heute sind das gerade einmal 35 Euro und das bei stetig steigenden Nebenkosten.«

»Was denken Sie, wo dafür die Ursachen liegen?«

»In erster Linie haben sich seit 1996 die Chinesen intensiv Marktanteile erobert. Heute liegt der bereits bei über 30 Prozent, das heißt jeder dritte Apfel, der in unserem Land gegessen wird, kommt aus China. Zudem diktieren die wenigen Großhändler die Preise. Hier üben gerade die Discounter enormen Druck aus, und entweder zieht man mit oder man ist raus aus dem Geschäft. Das geht dann ganz schnell.«

»Reichen Ihnen die 35 Euro pro Tonne denn überhaupt aus, um Ihre Kosten zu decken?«

B: »Schon lange nicht mehr. Seit mehr als zehn Jahren liegen die Stückkosten weit über dem Marktpreis.«

»Und wie gleichen Sie das aus?«

B: »Ich erhalte eine sogenannte Ausgleichsprämie für die bestellte Fläche und für benachteiligtes Gebiet. Ohne diese Subventionen hätte ich den Laden schon vor zehn Jahren schließen müssen.«

»Und warum versuchen Sie nicht, Ihre Äpfel direkt, also selbst zu vermarkten?«

B: »Erstens habe ich dafür zu große Anbauflächen. Die Masse an Äpfeln ließe sich nicht direkt vermarkten. Zudem sind wir hier im Osten und die Menschen verdienen weniger. Können sich dadurch natürlich auch weniger leisten. Ein Großteil der Einkommen fließt in Energie und Wohnung. Beim Einkauf der Lebensmittel muss dann gespart werden. Die Macht der Discounter wurde dadurch gestärkt. Und so darf es keinen wundern, dass gerade die mir den Preis diktieren!«

»Denken Sie, Ihre Situation wäre besser, wenn die Menschen mehr verdienen würden?«

B: »Sicherlich. Ich denke, dass ein Großteil der Menschen gerne mehr Geld in gesunde Ernährung stecken würde, wenn sie es zur Verfügung hätten.«

»Sie können sich bestimmt vorstellen, dass ich mir bei 3,21 Euro auch nur einen Einkauf beim Discounter leisten kann. Für Äpfel blieb da bisher kein Geld übrig. Das reicht gerade für die notwendige Versorgung und das auch nur in den ersten zwei Wochen. Die Zuzahlung vom Arbeitsamt wird vollends von meinem Auto verschluckt. Aber ohne diese Subvention durch das Arbeitsamt könnte ich mir das Arbeiten gar nicht leisten.«

B: »Da geht es Ihnen doch genauso wie mir!«

In diesem Moment klingelt wieder sein Handy und der Bauer verschwindet hektisch aus dem Bauwagen. Wenige Minuten später stehe ich erneut knöcheltief im Schlamm und reiße die eiskalten Äpfel vom Baum. Die Bäume sind jetzt kleiner und wir brauchen die Erntetische nicht mehr. Allen Kollegen ist deutlich anzumerken, dass sie aufgrund des offenen Gesprächs mit dem Bauern bereit sind, sich mit ihm zu solidarisieren. Die Erkenntnis, dass wir alle im gleichen Boot sitzen, trägt zur Motivation und einer leichten Erhöhung des Erntetempos bei. Am Abend haben wir immerhin drei Viertel der geforderten Menge abgeerntet und der Bauer zeigt sich zufrieden mit dem Tagesergebnis. Statt Kaffee und Tee begrüßt er uns auf dem Hof mit Bier und Apfelwein. Trotz mehr als zehn Stunden Ernteeinsatz verlassen wir erst nach heiteren zwei Stunden das Gelände. Mittlerweile hat uns der Bauer das »Du« angeboten und die Atmosphäre wird zusehends familiär. Eigentlich ist die Woche nach sechs Arbeitstagen erledigt. Die Hälfte des Hartz-IV-Trupps meldet sich allerdings freiwillig für noch einmal fünf Stunden Sonntagsarbeit, um den Bauern zu entlasten.

In der folgenden Woche geht es nach der langen Regenzeit mit dem Wetter und auch mit der Stimmung endlich richtig bergauf. Durch seine menschliche, offene Art hat es der Bauer innerhalb von nur 14 Tagen geschafft, ein echtes Team zusammenzuschweißen. Nahezu jeder hatte verstanden, dass auch der Bauer nur durch staatliche Subventionen überleben kann und unsere Landwirtschaft ohne diese Zuzahlungen der Konkurrenz aus Billiglohnländern längst unterlegen wäre.

Erntehelfer dringend gesucht

Nach einem Monat und 220 Stunden harter Arbeit in den Apfelplantagen sind nur noch neun der Hartz-IV-Empfänger bereit mitzuziehen. Von den 706,20 Euro brutto bleiben nach Abzug der Sozialversicherungsbeiträge und der Lohnsteuer gerade einmal 554,50 Euro übrig. Umgerechnet auf die geleisteten 220 Stunden ergibt dies einen Nettostundenlohn von 2,52 Euro. Das heißt: Auch bei dieser Arbeit muss ich eine zusätzliche Aufstockung zum Hartz-IV-Satz beantragen. Aus genau diesem Grund ist die Hälfte der Erntehelfer bereits abgesprungen. Doch dieser Absprung wird niemandem leicht gemacht. Um eine dreimonatige Sperre der Bezüge zu umgehen, wäre es notwendig, vom Bauern eine Kündigung zu bekommen. Das liegt jedoch nicht in seinem Interesse, da er – wie gesagt – ebenfalls unter enormem Druck steht, um die vom

Großhändler vorgegebenen Stückzahlen zu erreichen. Bleibt als einziger Ausweg nur der Gang zum Arzt. Nach Vorlage des gelben Zettels bleibt dem Bauer schließlich nichts anderes übrig, als noch am gleichen Tag die Kündigung auszusprechen. Aber nicht nur die Arbeitssuchenden zeigen sich aufgrund des Hungerlohns wenig motiviert. Nein, auch die wenigen verbliebenen polnischen Erntekräfte sind mit dem geringen Verdienst unzufrieden und drängen den Bauern in Nachverhandlungen zu einer Lohnerhöhung. Um nicht weitere Erntehelfer zu verlieren, stockt dieser den Stundenlohn um 20 Cent auf. Zufrieden kassieren die polnischen Helfer ihren Lohn als Barzahlung und sind von diesem Tag an wie vom Erdboden verschluckt.

So stehen wir am folgenden Tag mit lediglich der Hälfte von Helfern vor der Aufgabe, das gleiche Ernteergebnis zu erzielen. Der Bauer verhandelt nervös mit Vermittlungsagenturen für Kräfte aus Rumänien und Ungarn. Mittlerweile kämpft er deutlich wahrnehmbar um den Erhalt der eigenen Existenz, denn bei Nichteinhaltung der vorgegebenen Liefermengen sind Konventionalstrafen an den Großhändler fällig. In diesem Moment meldet sich einer der rumänischen Helfer zu Wort. In gebrochenem Deutsch bietet er dem Bauern an, mehrere Arbeitskräfte aus seiner Heimat zu vermitteln. Etwas erleichtert ruft der Bauer zu einer Besprechung im Bauwagen.

B: »Leute, wie ihr alle mitbekommen habt, haben uns die fünf polnischen Helfer gestern verlassen. Ich bin dabei, neue Kräfte aus Rumänien zu ordern, und wenn mit den Behörden alles klargeht, sind sie in zehn Tagen hier. Bis dahin müssen wir leider so klarkommen.«

»Wieso sind die Polen denn gegangen?«

B: »Zwei von ihnen haben in ihrer Heimat eine Arbeitsstelle bekommen. Die polnische Wirtschaft boomt im Moment und die Löhne haben sich in den letzten zwei Jahren nahezu angeglichen. Die anderen sind schon auf dem Weg nach England. Der gesetzliche Mindestlohn garantiert ihnen für die gleiche Arbeit nahezu 10 Euro pro Stunde. Das ist mehr als dreimal so viel wie ich ihnen bieten kann. Deshalb habe ich seit letztem Jahr schon einige Rumänen eingestellt. Die sind heute so glücklich über ihr Gehalt, wie es vor Jahren noch die Polen waren!«

»Wie lange haben Sie mit den polnischen Kräften gearbeitet?«

B: »Das ging kurz nach der Wende los. Da war es noch kein Problem, Arbeitskräfte zu bekommen. Nein, die haben mir nahezu die Tür eingerannt, und ich musste viele vertrösten. Erst seit zwei Jahren lässt das stark nach, und heute sind auch noch die Letzten gegangen.«

»Und was ist mit uns Arbeitssuchenden? Es gibt doch genügend, warum kommen die nicht?«

B: »Wenn schon die Polen so weit sind, dass sie von dem Lohn nicht mehr vernünftig leben können, dann kann ich das von einem Deutschen wohl auch nicht verlangen. Seit 2002 sollen wir laut Regierung mindestens zehn Prozent Deutsche beschäftigen. Das hat bis heute nicht funktioniert und ehrlich gesagt habe ich dafür Verständnis. Wie soll ich jemanden motivieren, wenn er nach einem Monat harter Arbeit nicht einmal sein Arbeitslosengeld verdient?«

»Also, sind Sie der Meinung, dass der Lohn zu gering ist?«

B: »Sicherlich! Bei dieser körperlich anspruchsvollen Arbeit muss am Ende des Monats deutlich mehr auf dem Konto sein. Doch was soll ich tun? Ich bekomme meine Preise von Großhändlern diktiert und da bleibt mir leider kein großer Spielraum.«

»Was halten Sie von den Maßnahmen der Agentur, den Arbeitssuchenden zur Arbeit zu zwingen?«

B: »Ehrlich gesagt – überhaupt nichts! Denn was soll ich mit Menschen anfangen, die nicht im Geringsten motiviert sind? Die machen mir doch nur noch mehr Arbeit. Sie identifizieren sich nicht mit den Aufgaben und das Tagesergebnis ist ihnen egal. Statt zehn schlecht Bezahlten hätte ich lieber nur die Hälfte gut Motivierter. Nach meinen Erfahrungen zählt hier nur der Verdienst. Das sieht man ja bei den Rumänen. Für die ist der Lohn noch so hoch, dass sie davon gut leben können!«

»Doch irgendwann wird auch in Rumänien der Standard so hoch sein, dass der Lohn nicht mehr ausreicht. Man sieht dies ja an der Entwicklung in Polen. Was machen Sie dann?«

B: »Na, wieder auf die Suche nach einem anderen Land, welches in der wirtschaftlichen Entwicklung so weit zurück ist, dass es sich für die Menschen lohnt. Da wären zum Beispiel Ungarn, Bulgarien oder auch die Ukraine.«

»Fühlt man sich dabei nicht als Ausbeuter?«

B: »Auf der einen Seite gehe ich schon mit einem schlechten Gewissen ins Bett, auf der anderen jedoch muss ich meinen Betrieb im Auge behalten. Und bei der momentanen Marktsituation kann ich nicht mehr zahlen. Wirklich, täte ich es, wäre der Hof im folgenden Jahr sicher pleite!«

Durch den Ausfall der Erntekräfte wird unsere tägliche Arbeitszeit um weitere zwei Stunden erhöht. Als ich nach zwölf Stunden auf der Plantage in mein Apartment zurückkomme, erwartet mich bereits meine Vermieterin. Es ist noch die Rechnung des vergangenen Monats für Unterkunft und Essen zu begleichen. Eigentlich waren 15 Euro pro Tag für die exklusive Vollpension vereinbart. Das hätte allerdings bedeutet, dass von den 554,50 Euro lediglich knapp 100 Euro übrig geblieben wären. Als ich der alten Dame nun meine Lohnabrechnung vorlege, ist sie sichtbar schockiert. Hatte sie doch im vergangenen Monat mitbekommen, wie hoch gerade mein körperlicher Einsatz war und häufig mitgelitten. Und obwohl sie aufgrund ihrer geringen Rente bestimmt auch auf jeden Cent angewiesen ist, reduziert sie den Betrag um 50 Euro. So bleiben mir für den folgenden Monat wenigstens 150 Euro übrig.

Ich nutze den freien Sonntag zur Erholung und schlafe bis 11 Uhr. Meine freundliche Vermieterin hat derweil den Frühstückstisch gedeckt und der Geruch von frisch aufgebrühtem Kaffee liegt in der Luft. Obwohl sie es gewöhnt ist, pünktlich um acht Uhr zu frühstücken, wartet sie an diesem Tag geduldig. Ihr 45-jähriger Sohn, dessen Bild direkt neben der fünf Jahre jüngeren Tochter hängt, arbeitet und lebt seit Längerem in der Nähe von Stuttgart. Die Tochter hat es in die Schweiz verschlagen. Sie lebt in der Nähe von Basel und arbeitet in der Gastronomie. Nur noch zu den wenigen Familienfeiern und einmal im Jahr zu Weihnachten kommt die Familie zusammen. Also hält die Mutter nahezu täglich telefonischen Kontakt zu ihren Kindern. Man merkt ihr deutlich an, wie sehr sie die beiden vermisst.

Frau Meyer ist eine der wenigen, die nach der Wiedervereinigung noch im Ort geblieben sind. Von den ehemals 800 Dorfbewohnern leben heute nur noch 300, meist ältere Menschen hier. Die letzte Einkaufsmöglichkeit, der mittlerweile stark verkommene kleine Konsum an der Hauptstraße, hat bereits vor einigen Jahren die Pforten geschlossen. Und nachdem der alte Landarzt im letzten Jahr seine Praxis aus Altersgründen aufgab und keinen Nachfolger fand, muss die Rentnerin gut 25 Kilometer fahren, um die nächste ärztliche Versorgung zu bekommen. Noch ist sie rüstig genug, diese Strecken mit dem Auto zu bewältigen. Doch was wird sein, wenn das ihre Gesundheit nicht mehr zulässt? Nicht jede Erkrankung ist schließlich ein Notfall, bei dem ein Rettungswagen aus der nächstgelegenen Stadt losgeschickt wird.

Seit ihre Kinder aus dem Haus sind und ihr Ehemann vor zwei Jahren verstorben ist, lebt Frau Meyer allein in dem kleinen Einfamilienhaus mit großem Garten. Dieser ist ihre Leidenschaft und bestimmt zurzeit ihr ganzes Leben. Nahezu den ganzen Tag verbringt sie mit dem Zupfen von Unkraut in ihren Gemüse- und Salatbeeten oder dem gekonnten Beschnitt der wenigen Obstbäume. Neben saftig grünem Feld- und Blattsalat finden sich feuerrote, tennisballgroße Tomaten, daneben Paprika, Kartoffeln und Zwiebeln.

Als Hobbykoch biete ich ihr an, an diesem Sonntag für uns ein typisch sächsisches Gericht zuzubereiten. Für den »gehackten Schnudendunker«, ein Gericht, von dem ich bisher noch nicht gehört habe, hat sie bereits frische Zutaten aus ihrem Garten bereitgestellt.

Während wir in der Küche mit der Zubereitung der Mahlzeit beschäftigt sind, erzählt mir Frau Meyer von ihrer Familie und ihren Nachbarn und ich bin angenehm berührt von ihrer warmen, menschlichen Ausstrahlung. Irgendwann kommt die Rede auch auf die Vergangenheit und ihr Leben in der DDR.

»Was vermissen Sie am meisten?«

FM: »Den Zusammenhalt! Seit der Wende ist jeder nur mit sich selbst beschäftigt. Viele mussten ihre Heimat verlassen, um im Westen Arbeit zu bekommen. Daraus hat sich mittlerweile ein Wettbewerb entwickelt. Die Jungen, die es im Westen geschafft haben, versorgen die zurückgebliebenen Familienmitglieder. Deren Häuser sind dann renoviert und vor den Türen stehen die neuesten Autos. Das führt längst zu Neid bei denen, die sich diesen ›Luxus‹ nicht leisten können. Aus dem intensiven Miteinander, bei dem jeder auf den anderen angewiesen war, wurde längst ein ›jeder gegen jeden‹.

»Und das ist auch in Ihrem Dorf zu beobachten?«

FM: »Ja! Mit meiner Nachbarin zum Beispiel rede ich nur noch sehr wenig. Meist tauscht man gerade schnell ein paar unwichtige Informationen aus und geht dann seiner Wege. Vor wenigen Jahren haben wir noch Gemüse getauscht und gemeinsam gegrillt. Heute streiten wir uns schon, wenn mal der Apfelbaum über den Zaun wächst. Das ist doch schade!«

Der für Frau Meyer nostalgische Sonntag neigt sich nach dem geschmackvollen »Schnudendunker« und dem krossen Buttermilchkuchen dem Ende zu. Für mich, den Westdeutschen, war es einer der lehrreichsten Tage in meinem Leben. Denn erst durch Frau Meyer wurde mir bewusst, wie schwierig der Systemwechsel, der »über Nacht« erfolgte, für die Betroffenen war und immer noch ist. Hier fand und findet ein flächendeckendes, historisches, soziologisches, wirtschaftliches und sozialpsychologisches Experiment statt, das in der Welt einmalig sein dürfte. Es wird zwischen Osten und Westen wohl noch mindestens eine Generation brauchen, um ein wirklich gemeinsames Land zu werden.

»Fehlgeleitete staatliche Subventionierung«

Auf dem Weg zurück in meine Heimat fahre ich in Jena vorbei. Hier forscht und lehrt Professor Dr. Klaus Dörre am Institut für Arbeits-, Industrie- und Wirtschaftssoziologie der Friedrich-Schiller-Universität Jena. Mit ihm führe ich folgendes Gespräch.

Herr Professor Dörre, das Arbeitnehmerüberlassungsgesetz wurde im Jahre 2002 in einigen Punkten reformiert. Wie sehen Sie die Entwicklung in der Zeitarbeit, seitdem die Überlassungsdauer in den Betrieben keine Rolle mehr spielt?
Wir befinden uns in einer sprunghaften Zunahme von Zeitarbeit. Wenn man sich die Zahlen anschaut, sind von den 680 000 in 2006 neu geschaffenen Stellen über 155 000 in der Zeitarbeit entstanden. In den ersten drei Quartalen des Jahres 2007 waren bei den Unternehmen, die neu eingestellt haben, drei Zeitarbeitsfirmen an der Spitze. Auch wenn die Zeitarbeit insgesamt noch bei drei Prozent liegt, gibt es eine deutlich erkennbare Dynamik. Für den entscheidenden Punkt halte ich, dass es so etwas wie einen Funktionswandel von Zeit- und Leihar-

beit gibt. Wir haben immer mehr Intensivnutzer, das heißt Unternehmen, in denen der Leiharbeiteranteil bei über 20 Prozent liegt, und wir haben es immer häufiger mit der strategischen Nutzung von Leiharbeit zu tun. Das heißt, die Leiharbeiter sind dauerhaft im Betrieb, wie zum Beispiel bei BMW in Leipzig. Sie machen alle Tätigkeiten, die auch die Stammbeschäftigten verrichten. Das bedeutet, dass sie Kernfunktionen im Betrieb übernehmen und nicht mehr – wie eigentlich angedacht – nur Randfunktionen. Damit werden Stammbeschäftigte ersetzt und das häufig zu tariflichen Bedingungen, die bedeuten, dass man die gleiche Arbeit für deutlich weniger Geld und zu deutlich schlechteren Konditionen macht. Dies fördert einfach den Trend zur Zweiklassengesellschaft unter den Arbeitnehmern.

In der ursprünglichen Fassung von 1972 wurden dem Leiharbeiter die gleichen Konditionen gewährt wie auch dem Werksarbeiter. Wie sehen Sie die Entwicklung, seitdem dieser Passus durch die Möglichkeit einer tariflichen Einigung ergänzt wurde?
Die DGB-Gewerkschaften befanden sich in einer Zwangslage, also sie standen vor der Wahl: Entweder wir tarifieren diesen Bereich oder die Löhne fallen ins Bodenlose. Das Tarifieren wäre zu den vorherigen Bedingungen wesentlich besser ausgegangen. Doch sie mussten etwas tun, denn sie stehen in direkter Konkurrenz mit diesen sogenannten christlichen Gewerkschaften, die ja im Grunde kleine »Splitter- oder gelbe« (arbeitgeberfreundliche – Anm. des Autors) Gewerkschaften sind, die alles Mögliche tarifieren – da ist kein Abschluss niedrig genug. Es gibt eine große Grauzone von Haustarifverträgen, die diese christlichen Gewerkschaften abgeschlossen haben, die weit unter den Tarifen der DGB-Gewerkschaften liegen. Das sind Löhne deutlich unter fünf Euro pro Stunde – also da sind die ordentlichen Gewerkschaften in der Zwangslage. Trotzdem stimmt, was Sie sagen: Der Tarifvertrag für Leiharbeiter ist der einzige Tarifvertrag in der BRD, der sozusagen nur Abweichungen nach unten zulässt. Und angesichts der schlechten organisatorischen Voraussetzungen – der niedrige Organisationsgrad in der Branche und die Tarifkonkurrenz – haben die DGB-Gewerkschaften Abschlüsse zugelassen, die dieses

Phänomen »Arbeitnehmer zweiter Klasse« tatsächlich möglich machen. Das ist deutlich geworden an solchen Fällen wie bei BMW Leipzig, aber inzwischen auch in vielen anderen Betrieben, wo Leiharbeit als Mittel des Tarifdumpings eingesetzt wird. Im Grunde ist in diesen Betrieben folgendes passiert: Man hat den Kündigungsschutz abgekauft und den Unternehmen die Möglichkeit gegeben, zu deutlich schlechteren Konditionen einzustellen. Das hat dieser Tarifvertrag natürlich mit ermöglicht.

Welche Änderungen würden Sie vorschlagen, um die Situation zu verbessern?
Ich würde für eine Doppelstrategie plädieren. Das eine ist, das man versucht, über tarifliche Lösungen eine Art Mindestlohn für Leiharbeit einzuführen – das ist dringend nötig. Dazu ist eine zusätzliche gesetzliche Grundlage notwendig. Auf der anderen Seite ist der Ansatz, den die IG Metall seit einiger Zeit fährt, nämlich gleiche Arbeit für gleiches Geld, bei den entleihenden Betrieben durchzusetzen. Das halte ich für sinnvoll, weil es diesen Konflikt politisiert, übrigens in der Dynamik weit über die Leiharbeit hinaus. Denken Sie an die Lohndifferenz zwischen Männern und Frauen, die liegt bei 22 Prozent. Es gibt viele Gruppen in den Betrieben, die diskriminiert werden, und eigentlich würde man so etwas wie eine Anti-Diskriminierungs-Politik brauchen, die diesen Grundsatz »gleiches Geld für gleiche Arbeit« in die Tat umsetzt. Das wird ein längerfristiger Kampf werden, und ich hoffe, dass die Gewerkschaften einen langen Atem haben. Es gibt nur ganz wenige Betriebe wie zum Beispiel ein Stahlwerk im Saarland, wo die Leiharbeiter tatsächlich die gleichen Bedingungen haben. Es gibt also einige, wenige Schritte in die richtige Richtung, aber sie sind noch sehr bescheiden.

Seit dieser Reform befindet sich die Branche der Zeitarbeitsfirmen im Aufschwung. Die Arbeitsagenturen melden gigantische Vermittlungserfolge, bieten aber gleichzeitig wie selbstverständlich die Aufstockung an und zahlen somit einem Großteil der Leiharbeiter einen verdeckten Kombi-Lohn. Sehen Sie durch diese Entwicklung die werkstariflich entlohnten Arbeitsplätze gefährdet?

Ja, so ist es! Es handelt sich ganz klar um eine fehlgeleitete staatliche Subventionierung. Fakt ist, dass wir eine staatliche Subventionierung im Niedriglohnsektor haben und damit das Instrument der Leiharbeit hoffähig machen. Das ist politisch erwünscht, und der Kollege Clement hat sich oft in dieser Richtung geäußert. Es gibt eine sehr klare Orientierung der großen Zeitarbeitsfirmen, den Marktanteil mindestens auf französisches Niveau, also vier Prozent, zu erhöhen. Das sind Zukunftsinvestitionen. Die Leiharbeitsfirmen wissen, dass die Expansion von Leiharbeit, die für sie ein einträgliches Geschäft ist, stark von der gesellschaftlichen Akzeptanz dieser Arbeitsform abhängt. Deshalb tun sie alles, um in dieser Richtung zu arbeiten. Aber zum Kern Ihrer Frage: In der Tat ist es so, dass die Aussagen über Vermittlungserfolge, also über den sogenannten Klebereffekt in der Leiharbeit, dieses Subventionierungsproblem gänzlich außer Acht lassen. Selbst wenn man von den positivsten Schätzungen, also 30 Prozent, ausgeht, sollte man sich die Frage stellen, was mit den anderen 70 Prozent passiert. Bis zum heutigen Tag gibt es dazu nicht eine Studie und dadurch auch keinen wissenschaftlichen Beweis, dass sich die Chance der Menschen, in reguläre Vollzeitbeschäftigung zu kommen, durch Leiharbeit signifikant erhöht. Das muss man klar sehen! Und wenn man das vor Augen hat, muss man sich natürlich fragen: Was soll die Subventionierung der Leiharbeit durch den faktischen Kombi-Lohn? Und es ist auch interessant, dass ausgerechnet diejenigen, die ansonsten die staatliche Intervention immer verteufeln, in diesem Falle dann wieder nach dem Staat rufen.

Zahlt dabei die Gesellschaft nicht in mehrfacher Hinsicht? Zunächst den Lohnzuschuss aus staatlichen Mitteln und gleichzeitig mit den Mindereinnahmen, die wir in Kranken- und Rentenversicherung bereits heute haben, und für die Zukunft gesehen die Aufstockung der Rente für den Leiharbeiter?
Dem kann ich so nur zustimmen. Ihre Erkenntnisse stimmen in der Tendenz, aber man sollte dabei die Arbeitslosen, die tatsächlich in Arbeit kommen, nicht außer Acht lassen, sofern sie dadurch keine anderen

verdrängt haben. Genau gesehen zahlt jedoch die Gesellschaft doppelt. Sie zahlt durch die Subventionierung dieser Arbeitsform und sie zahlt noch einmal, wenn das Problem der Altersarmut auftritt und sie von Neuem intervenieren muss. Wobei klar ist, dass das Problem Altersarmut nicht nur in der Leiharbeit, sondern im gesamten Niedriglohnsektor eine Rolle spielt. Insbesondere bei den vielen alleinerziehenden Müttern, die im Niedriglohnsektor beschäftigt sind, wird uns das Problem der Altersarmut in der Zukunft noch sehr beschäftigen. Ich möchte Sie bitten, mir Ihre Studie zur weiteren Verwendung zur Verfügung zu stellen!

Fazit und Anregungen

Nach knapp eineinhalb Jahren intensiver Recherche kehre ich zurück nach Hause an die Mosel. Dabei bleibt mir die Erkenntnis, dass die Agenda 2010 mit den Änderungen im Bereich der Arbeitslosenversicherung und vor allem dem Arbeitnehmerüberlassungsgesetz die Armut in unserem Land deutlich ansteigen ließ. Gerade die Maßnahmen, welche mit »Fördern und Fordern« umschrieben werden und als Hartz IV in der Öffentlichkeit bekannt sind, bedeuten für sehr viele Arbeitslose den Fahrstuhl direkt in die Armut, statt in einen neuen, existenzsichernden Job.

Nachdem ich die Auswirkungen von Hartz IV sowie Leiharbeit in Industrie und Landwirtschaft am eigenen Leib erfahren habe, ist mir vollkommen einsichtig, dass Menschen in solchen Situationen objektiv die Perspektiven fehlen, dass ihnen Kraft und Sinn oder auch nur die leise Hoffnung auf Besserung ihrer Lage mit der Zeit abhanden kommen. Die Auffassung, dass jeder seines Glückes Schmied sei, muss vor diesem Hintergrund sehr vielen Menschen in diesem Land inzwischen wie Hohn vorkommen. Denn dieser Satz bedeutet im Umkehrschluss auch: Du bist selbst schuld, wenn du es nicht schaffst. Und das wirkt vor dem Hintergrund der Agenda 2010 schlicht zynisch. Dass durch die neue Sozialgesetzgebung persönliche Initiative gefördert, Unabhängigkeit von staatlichen Geldern erreicht und eine Entlastung der Sicherungssysteme folgen würde, war für mich während dieses Selbstversuchs und in zahlreichen Begegnungen mit Betroffenen nicht wahrnehmbar. Hartz IV, Leih- und Zeitarbeit, so wie ich sie kennengelernt habe, verschärfen eher die Probleme auf dem Arbeitsmarkt und in der Gesellschaft insgesamt, statt sie zu lindern oder gar zu lösen.

Seit Einführung der Agenda 2010 ist deutlich festzustellen, dass der Niedriglohnsektor in unserem Land nicht nur wächst, sondern sich auch verfestigt. Diese Beschäftigungsverhältnisse werden nun mit der Hoffnung verbunden, dass mit ihnen dauerhaft mehr Arbeitsplätze entstehen. Doch können hieraus, wenn überhaupt, nicht nur wieder neue Niedriglohn-Arbeitsplätze entstehen?

Nach meinen Erfahrungen bei Opel sind die Jobs häufig instabil und nur von kurzer Dauer und damit einer langfristigen Integration abträglich. Bei Bayer zeigte sich das durch die Billigkonkurrenz im eigenen Werk: Längst werkstariflich entlohnte Arbeitsplätze werden durch Billiglöhner auch langfristig ersetzt. So wird für viele Arbeitnehmer der Niedriglohnsektor zu einer Falle. In einem kürzlich erschienenen 12-Länder-Vergleich der EU- Kommission sind nirgends die Aufstiegschancen so stark blockiert wie in Deutschland.

Weiterhin musste ich erfahren, dass der Niedriglohnsektor kein Sammelbecken von gering Qualifizierten ist. Zwei von drei Beschäftigten in diesem Bereich haben eine berufliche Ausbildung oder gar ein abgeschlossenes Studium. Nein, im Niedriglohnsektor arbeiten vornehmlich Frauen und junge Menschen kurz nach deren Berufsausbildung. Laut einer Studie des Wirtschafts- und Sozialwissenschaftlichen Instituts der Böckler-Stiftung aus dem Jahr 2007 arbeiten in Deutschland bereits rund 7,8 Millionen Menschen zu niedrigen Löhnen. Tendenz steigend. Somit ist dieser Sektor längst nicht nur aus sozialen, sondern auch aus wirtschaftlichen Gründen als problematisch anzusehen, weil er die private Kaufkraft und somit den Binnenmarkt schwächt. Dies stärkt wiederum die Billiganbieter und lässt kaum Raum für dringend erforderliche Preissteigerungen im Lebensmittelbereich – um die Arbeitskräfte, die diese Produkte herstellen, anständig zu bezahlen.

Niedriglöhne führen zwar nicht zwangsläufig in die Armut, insbesondere dann nicht, wenn noch andere Einkünfte erzielt werden. Der aktuelle Armutsbericht der Bundesregierung zeigt jedoch auf, wie sehr sich das Risiko, in Armut abzurutschen, erhöht, wenn Aufstiegsmöglichkeiten versperrt sind und Betroffene zwischen Arbeitslosigkeit und schlecht bezahlten Jobs hin- und herpendeln.

Doch wie könnte man dem entgegenwirken, und gibt es überhaupt einen gerechten Lohn?

Eine Messlatte dafür liefert uns selbst die Wissenschaft nicht. Offiziell existiert nur eine einzige verbindliche Norm – an die sich allerdings niemand hält!

Die europäische Sozialcharta von 1961 legt fest, dass ein Lohn unter 60 Prozent des nationalen Netto-Durchschnittslohns nicht angemessen ist. Für Deutschland würde das im Jahr 2007 einen Mindestlohn von 8,90 Euro in der Stunde ergeben. Doch gesetzliche Mindestlöhne gibt es, im Gegensatz zu 22 Mitgliedstaaten der EU, hier (noch) nicht!

Deshalb zum Schluss noch einige Anregungen:

1. Einführung des gesetzlichen Mindestlohns

Auf der Grundlage der Sozialcharta sollte sich dieser in Höhe von mindestens 8,90 Euro in der Stunde bewegen. In allen mir bekannten Studien führte dies zu einer wahren Jobmaschine in den Einführungsländern. Selbst in Deutschland geht es der einzigen Branche mit Mindestlohn, der Bauwirtschaft, wieder richtig gut und führte sie aus einem jahrelangen Tief. Für kleinere Betriebe müssten maßgeschneiderte Lösungen erarbeitet werden.

2. Kostenlose Verpflegung in den Schulen

In bereits vielen Bezirken können sich die Kinder das Essen an den Schulen nicht mehr leisten und müssen den langen

Schultag meist ohne eine warme Mahlzeit verbringen. Einer immer älter werdenden Gesellschaft muss jedes Kind wichtig sein – denn die sind unsere Zukunft!

3. Einführung der Lehrmittelfreiheit

Gerade die Kinder aus Niedriglohnfamilien leiden unter den ärmlichen Bedingungen. Sie tragen hierdurch ein erheblich größeres Risiko, keinen Schulabschluss zu bekommen. Meist fehlt es am notwendigsten – den Schulbüchern. Um das Ganze zu erleichtern, wäre es notwendig, endlich bundeseinheitliche und kostenlose Schulbücher einzuführen.

4. Erhöhung der Hartz-IV-Bezüge der Kinder auf das Erwachsenenniveau

Jeder weiß, dass sich Kinder im Wachstum befinden und jährlich neue Kleidung benötigen. Um die steigende Kinderarmut in unserem Land mindestens zu reduzieren, müssen die Kinder den gleichen Betrag erhalten wie wir Erwachsenen.

5. Erhöhung der Hartz-IV-Bezüge auf die Pfändungsgrenze

In unserem Land ist die Pfändungsgrenze häufig der Maßstab für die Bemessung von Armut. Bei einer Anhebung der Hartz-IV-Bezüge auf dieses Niveau würde sich die Armutsstatistik halbieren.

6. Abbau von Vorschriften, um weitere Klagewellen zu vermeiden

Wer heute gegen die Hartz-IV-Gesetzgebung klagen möchte, muss einen sehr langen Atem haben. Die Gerichte sind überfordert mit der Häufigkeit von Klagen, so dass ein Verfahren bis zu drei Jahre dauern kann. Dies ist besonders für Familien mit Kindern unzumutbar.

7. Die Leiharbeit in den Betrieben auf maximal zehn Prozent begrenzen

Per Gesetz müsste die Ausweitung der Leiharbeit auf maximal zehn Prozent der in dem jeweiligen Betrieb Beschäftigten begrenzt werden.

8. Gleicher Lohn für gleiche Arbeit

Spätestens nach einem Monat Einarbeitungszeit muss dem Leiharbeiter das gleiche Geld für die gleiche Tätigkeit gezahlt werden. Nur so kann man verhindern, dass werkstariflich entlohnte Arbeitsplätze in Niedriglohnbeschäftigung umgewandelt werden.

9. Wiedereinführung der Überlassungsdauer bis maximal drei Monate

Die Überlassungsdauer ist das Kriterium, welches die Leiharbeit überhaupt definiert. Ohne diese Bestimmung ist die Stellenbeschreibung eines Leiharbeiters identisch mit der eines Werksarbeiters und kann ihn so leicht ersetzen. Die maximale Überlassungsdauer müsste, wie in der ursprünglichen Version von 1972, wieder auf drei Monate begrenzt werden.

Hilfen bei Hartz IV

Internet

www.sozialhilfe24.de
Verein für soziales Leben e. V.
Eichholt 1
59348 Lüdingshausen

www.bundesweite-montagsdemo.com
Koordinierungsbüro Gelsenkirchen
Schmalhorststraße 1c
45899 Gelsenkirchen

www.gegen-hartz.de
Redaktion gegen Hartz
Sebastian Müller
Rautenstrasse 6
30171 Hannover

www.Kinderarmut-durch-hartz4.de
Erwerbslosen Forum Deutschland
Martin Behrsing
Schickgasse 3
53117 Bonn

www.sozialleistungen.info

www.hartz4-umzug.de

www.hartz-tour.de

www.alg2-hartz4.de

www.hartz4-forum.de

www.hilfe-hartz4.de

Notruftelefon bei Zwangsumzügen   0228 2495594

www.hartz4-und-wir.de

www.anwaelte-gegen-hartz4.de

www.labournet.de

www.jobcenterrecht.de

Bücher zum Thema

Der Fähigkeiten-Ansatz Amartya Sens und das Problem der
Arbeitslosigkeit.
Wie gerecht ist die Reform des deutschen Arbeitsmarkts?
Eine Analyse von Hartz IV und ALG
von Henry Mayer
September 2007, EUR 16,99

Rechtswörterbuch. Buch und CD-ROM
Aktuell mit über 12 000 Stichwörtern auf 1480 Seiten.
Alle »Hartz- Gesetze« (I bis IV), Erweiterung …
von Carl Creifelds
Juni 2007, 19. Auflage, EUR 54,00

WISO: Hartz IV – Arbeitslosengeld II
von Wolfgang Jüngst/Matthias Nick
September 2007, 2., aktualisierte Auflage, EUR 15,90

Arbeitslosengeld II für Erwerbslose und Erwerbstätige
Hartz IV – Grundsicherung
von Thomas Beninde/Martin Lühr/Werner Hesse/Gerd Wenzel
April 2008, EUR 3,90

Mein Anspruch auf Hartz IV und Arbeitslosengeld II
Keine Frage offen
von Jürgen Brand
März 2008, EUR 12,90

Hartz IV-Kochbuch
Ein Kochbuch für harte Zeiten
von Sigrid Ormeloh/Nicole Schlier
Mai 2005, EUR 12,00

Hartz IV und Arbeitslosengeld II
Das sind Ihre Rechte
von Michael Baczko
Dezember 2007, 7., überarb. Auflage, EUR 6,90

Hartz IV. Mein Recht auf Arbeitslosengeld II
ARD-Ratgeber Recht. Mit Tipps zum Ausfüllen der
Antragsvordrucke
von Jürgen Brand
Mai 2008, 4. Auflage, EUR 9,90

Schwarzbuch Hartz IV.
Sozialer Angriff und Widerstand – Eine Zwischenbilanz
Herausgeber: Agenturschluss, Januar 2006, EUR 11,00

Besser leben mit der Hartz-IV-Falle
Ein Handbuch für Kämpfer. Inkl. Musterbriefe, Gesetzestexte,
Amts- und Gerichtsschreiben
von Dieter Kerschkamp, Januar 2006, EUR 7,95

Das Profihandbuch Sony Ericsson K800i
von Hendrik Hartz
Dezember 2006, EUR 6,95

Qualitätsmanagement
von Stefanie Hartz/Klaus Meisel
April 2006, EUR 19,90

SGB II Grundsicherung für Arbeitssuchende/
SGB XII Sozialhilfe
*Mit Hartz IV. AsylbewerberleistungsG, BundesversorgungsG,
Sozialgesetzbuch (Auszüge)*
August 2007, 4. Auflage, EUR 10,00

Die Hartz- »Reformen«.
*Die Folgen von Hartz I-IV für ArbeitnehmerInnen.
Ein Projekt der Arbeitnehmerkammer Bremen und des DGB ...*
von Hella Baumeister/Ulrich Gransee/Klaus D. Zimmermann
Juni 2005, EUR 12,80

Das Hartz-Konzept
von Christian Ferber
Juli 2007, EUR 13,99

Verteilungseffekte der Hartz-IV-Reform
Ergebnisse von Simulationsanalysen
von Irene Becker/Richard Hauser
April 2006, EUR 11,90

Abstellgleis Hartz IV
Die »Unberührbaren« der Nation
von Hans-Jürgen Graf
August 2007, EUR 13,00

Die Arbeit und die Entscheidungsprozesse der Hartz-Kommission
von Anne-Marie Weimar
Oktober 2004, EUR 29,90

Das Hartz-Konzept
*Eine armutspolitische Analyse über die Zusammenlegung der
Arbeitslosen- und Sozialhilfe*
von Philipp Hahn
September 2007, EUR 11,99

Würdigung wesentlicher Vorschläge der Hartz-Kommission unter
besonderer Berücksichtigung einer Verbesserung der
Vermittlungseffizienz
von Thorsten Gabbert

August 2007, EUR 44,90
Türöffner Zeitarbeit?
Kompetenz und Erwerbsverlauf in der Praxis der Leiharbeit
von Axel Bolder/Stefan Naevecke/Sylvia Schulte
Juli 2005, EUR 24,90

Ganz unten.
Erweiterte Neuauflage mit einer Dokumentation der Folgen
von Günter Wallraff
Januar 1988, EUR 8,95

Ganz unten
2 CDs Mit einer Dokumentation der Folgen
von Günter Wallraff
Dezember 2006, Audio-CD, EUR 14,00

Leiharbeit
*Neue sozialwissenschaftliche Befunde zu einer prekären
Beschäftigungsform*
von Berthold Vogel/Markus Promberger/Claudia Weinkopf
März 2004, EUR 14,80

Leiharbeit als neue Beschäftigungsform
Flexibilität als Markenzeichen
von Nina Kowalski
November 2006, EUR 59,00

Leiharbeit, warum und wie man sich davor drückt
von Edi Örwein
April 2007, EUR 5,90

Das Phänomen »Leiharbeit« aus der Perspektive der
Transaktionskostentheorie
von Karina Boldyreva
Juli 2007, EUR 39,90

Deregulierung der Zeitarbeit
Leiharbeit und ihre Auswirkungen auf den Arbeitsmarkt
von Jan Laser

Dezember 2007, EUR 9,99
Zeitarbeitsunternehmen in einer Dreiecksbeziehung zu Kunden und
Mitarbeitern
*Eine Untersuchung zu den Vor- und Nachteilen von Leiharbeit aus
Unternehmens- wie aus Mitarbeitersicht*
von Bernd Wutzler
Juli 2007, EUR 49,90

Leiharbeit und befristete Beschäftigung
Analyse und Handlungsempfehlungen
von Christine Zumbeck
Oktober 2008, 2., aktualisierte Auflage, EUR 12,90

Die Neuausrichtung des Leiharbeitssektors zur Schaffung von mehr
Beschäftigung in Deutschland
von Sylvio Kelm
September 2007, EUR 74,90

Informationsstellen Leiharbeit

www.labournet.de
Labournet Germany
c/o Mag Wompel
Saladin-Schmitt-Strasse 23
44789 Bochum

www.igmetall.de
Ig metall
Wilhelm-Leuschner-Strasse 79
60329 Frankfurt

www.verdi.de
verdi
Paula-Thiede-Ufer10
10179 Berlin

www.dgb.de
DGB
Henriette-Herz-Platz 2
10178 Berlin

www.werkstadt-dortmund.de

www.chefduzen.de

www.gleichearbeit-gleichesgeld.de

www.mindestlohn.de

Markus Breitscheidel

Abgezockt und totgepflegt

Alltag in deutschen Pflegeheimen

ISBN 978-3-548-36901-3
www.ullstein-buchverlage.de

Dahinsiechende Bewohner, ausgebeutete Arbeitskräfte, fragwürdig verwendete öffentliche und private Gelder – das, was Markus Breitscheidel während seiner Tätigkeit in verschiedenen Alters- und Pflegeheimen erlebte, sprengte nicht selten die Grenze der Menschenwürde und Rechtschaffenheit. Sein Buch ist ein erschütterndes Protokoll der katastrophalen Zustände in unserem Pflegesystem.

»Über die Reform des Pflegesystems wird seit langem diskutiert. Wie notwendig sie wirklich ist, zeigt dieses Buch.« *Welt am Sonntag*

»Dieses Buch schockiert Deutschland.« *TV Hören und Sehen*

ullstein

Susanne Reinker

Rache am Chef

Die unterschätzte Macht der Mitarbeiter

ISBN 978-3-548-37202-0
www.ullstein-buchverlage.de

Immer mehr Mitarbeiter wehren sich gegen unfaire und unfähige Vorgesetzte. Phantasievoll sorgen sie für ausgleichende Gerechtigkeit – durch Rache am Chef. Innere Kündigung und stiller Boykott sind noch die harmloseren Varianten. Katastrophenchefs müssen auch mit gezielter Indiskretion und Sabotage rechnen. Mit unglaublichen Beispielen und viel Sinn für Realsatire berichtet Susanne Reinker vom Guerillakrieg im Büro. Sie erklärt, wie Chefs die Leistungslust abwürgen, beleuchtet die wirtschaftlichen Folgen von Boykott und Unterschlagung und zeigt, wie sich Mitarbeiter gegen die täglichen Zumutungen von oben zur Wehr setzen.

»Susanne Reinkers Buch sollte für Mitarbeiter und Chefs Pflichtlektüre werden.« *dpa*

Gegen die Macht der Heimlobby

Christoph Lixenfeld · **Niemand muss ins Heim**
Menschenwürdig und bezahlbar – ein Plädoyer für die häusliche Pflege
288 Seiten, Klappenbroschur
€ [D] 16,90 · € [A] 17,40
ISBN 978-3-430-30034-6

Wenn Mutter plötzlich schwer pflegebedürftig ist, gibt es zwei Möglichkeiten.
Sie kommt in ein Heim oder die Angehörigen engagieren illegal eine Pflegekraft aus
Osteuropa. Denn eine legale, praktikable und bezahlbare Möglichkeit der Rund-um-
die-Uhr-Betreuung gibt es nicht. Schuld daran ist auch die Heimbranche.
Christoph Lixenfeld deckt die Machenschaften der Pflegelobby auf, nennt Ursachen
und Hintergründe, aber auch Auswege aus dem Dilemma. Persönliche Geschichten
und Beispiele zeigen, dass ein Land (fast) ohne Heime keine Utopie ist.

»Ein wichtige und gelungene Analyse des Pflegesystems.«

Welt am Sonntag